蝸牛登山画帖《かたつむりとざんがじょう》

やまとけいこ

山と溪谷社

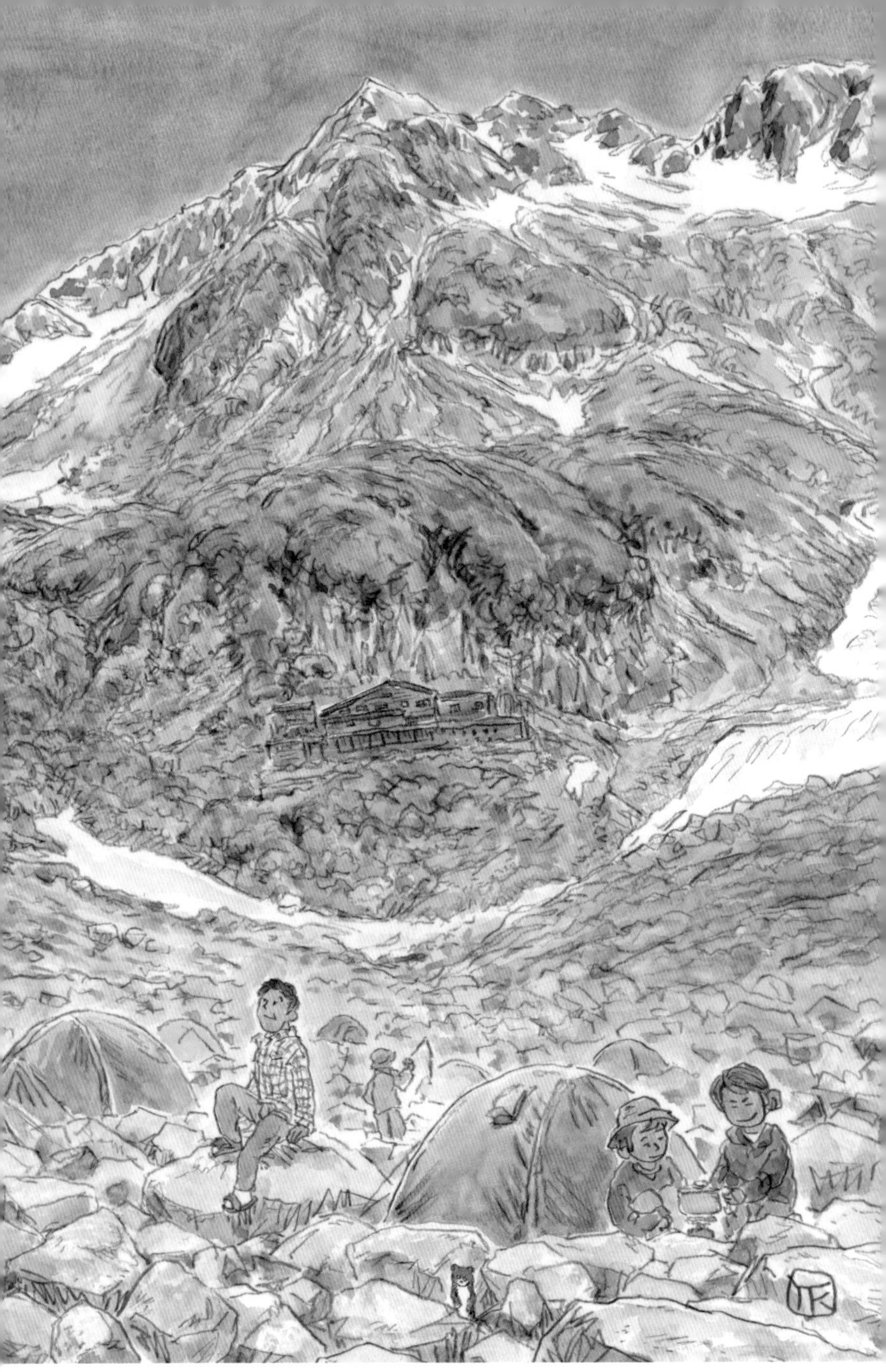

初めての涸沢。朝から北穂高岳に登り、午後は思い思いに時間を過ごす

雨で停滞中のテント生活。紙で作った将棋盤と駒で将棋大会が始まった

天からのいかずち。凄まじい雷雲に覆われた剱岳。生きた心地がしない

槍沢を登り詰めて槍ヶ岳へ。どこから眺めてもかっこいい山だなぁ

屋久島の森に分け入ると、目に見えぬものたちの存在をここかしこに感じる

西表島のジャングルの中には見たこともない生き物たちが生息している

タンザニアのダル・エス・サラームからザンジバル行きのフェリーに乗る

目次

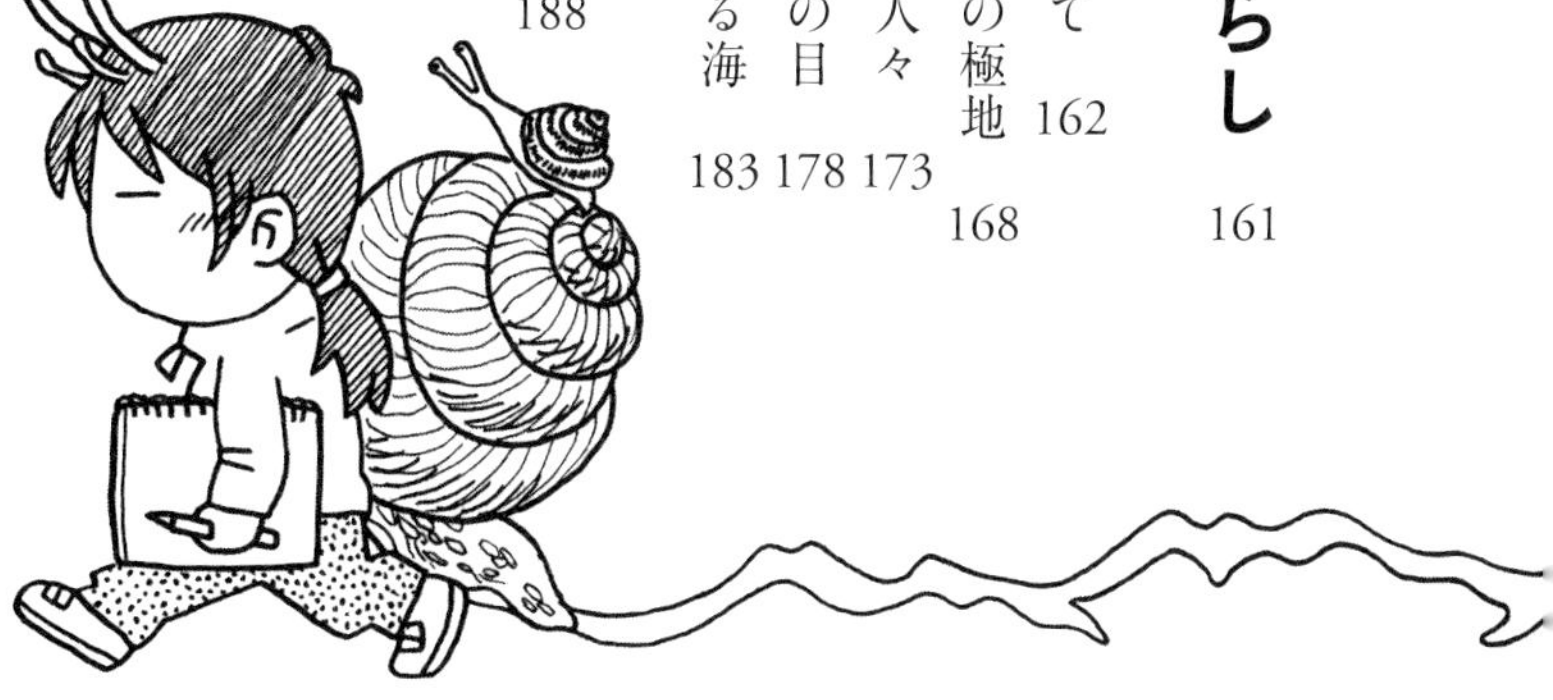

はじめに　～蝸牛のように～

　六月生まれである。ジメジメとした梅雨の季節に生まれた。母のお腹の中で、へその緒がぐるぐる巻きに絡まってしまったので、帝王切開で取り上げてもらった。昭和四十年代末、団塊ジュニアと呼ばれる第二次ベビーブーム世代。

　四歳を前にして、私は幼稚園生になった。通っていた幼稚園では、生まれ月になると担任の先生から、大きな封筒に入ったプレゼントが渡された。中にはお祝いのメッセージや何やらが入っていたはずだが、中身は覚えていない。しかし外側の封筒のことはよく覚えている。

　封筒には生まれ月にちなんだ絵が、折り紙で作ったモチーフと一緒に描かれていた。私の場合は年少さん、年長さんともに、折り紙で折られたアジサイと蝸牛《かたつむり》の絵だった。空には灰色の雷雲と雷さん、雨。

　先生には素直にありがとうとお礼を言ったが、子供心に少し陰鬱な絵だなと思っていた。ほかの生まれ月の子たちは、桜やヒマワリ、赤黄の葉っぱに雪ダルマ、みたいに子供心をくすぐるモチーフだったのに、私の封筒には雨と蝸牛。

そのせいなのか、雨の日にアジサイの葉の上をのたりのたりと歩く蝸牛に、私は妙な親近感を覚えていた。蝸牛のことを悪く思うのは、その封筒を、自分の生まれ月を否定するような気がして嫌だった。♪でんでんむしむしかたつむり♪私は蝸牛と遊んだり、家に持ち帰って飼育をしたりするようになった。

蝸牛はなんだか自分に似ている。突つくと殻に縮こまってしまうところとか、そのくせややもすると、興味津々とばかりに外界へ目玉を突き出し、のたりのたりとマイペースにどこかへ行ってしまう。

蝸牛の持つ薄くて軽い渦巻き状の殻もいい。ナメクジとは違う、蝸牛の蝸牛た

キュウリを食べたら
緑色のウンチ
ニンジンを食べたら
オレンジ色のウンチ
私もキュウリばっかり
ニンジンばっかり
食べたら
緑色と
オレンジ色の
ウンチが
出るのかな？

る所以《ゆえん》。一人静かに閉じこもり、イメージの世界に浸れるプライベート空間。絵を描いたり本を読んだり、誰にも邪魔されることのないくつろぎのマイホーム。

　本格的に登山を始め、一人用テントの存在を知ったとき、まさに自分はこういうものを欲していたのだと気づいた。家財道具すべてを背負い、心ゆくまま旅に出ることのできる移動式住居。薄くて軽い自分だけの殻。

　山の仲間とともに数々の山に登り、様々な経験と豊かな時間を過ごした。私は仲間と登る山が好きだ。けれども心の深いところでは、どこか一人になりたがっている自分がいるのも知っていた。それをありきたりの言葉で言うならば、孤独という名の自由だ。

　絵を描くこともまた山登りに似ている。登りたい山、描きたい絵をイメージし、実際に登りながら、描きながら、試行錯誤し考えるところ。ふいに感動に出会えたり、頂上へと続く道をコツコツと一人、歩を刻んでいくところ。

　思えば蝸牛のように、山と絵の世界をのたりのたりと歩き続けてきた。長いこと歩いてきたようにも思えるが、いまだ同じ葉の上にいるように感じるのは、気のせいか否か。

第一章

始まりの山

流星群と御来光

先生、まだ歩くの？　肩痛い。今なら上高地《かみこうち》から徳沢《とくさわ》までの二時間くらいの散策路、なんとも思わないが、荷物を持って長時間歩いたことのない生徒たちは、次第に不平を漏らすようになった。しかもバックパックを背負っているのは先生とひと握りの生徒だけ。あとは肩から大きなボストンバッグを下げて、エッチラオッチラ歩いているのだ。そりゃぶつくさ言いたくもなる。

私の北アルプスデビューは三十年前、花も恥じらう高校一年生。学校登山で登った蝶《ちょう》ヶ岳だった。それ以前にもハイキングや日帰り登山くらいはしたことがあったが、二千メートルを超える山に登るのはこのときが初めてだった。もちろん山小屋に泊まるのも初めて。

その日は徳沢ロッジに泊まり、登山は翌日の早朝から。ボストンバッグは宿に置かせてもらい、ペラペラのナップサックに手持ち懐中電灯、自転車用雨ガッパ、お弁当を詰め込む。若いし知識もなかったから、ジャージとスニーカーでもへっちゃらだった。

蝶ヶ岳へと続く長塀《ながかべ》尾根は、ひたすらだらだらと登る樹林帯の山道だ。つらかったせいか、私の記憶はほとんど抜けて落ちている。途中何度か展望が開け、その後ハイマツ帯に入り、思ったよりもへこたれずに蝶ヶ岳ヒュッテにたどり着けたのはよかった。

蝶ヶ岳の頂上はというと、えっ?て言うくらいに平坦で、私は思わず先生に、ここが頂上なの?と確認したくらいだった。少し物足りなかったが、展望は素晴らしかった。ズドンと存在感のある穂高《ほたか》連峰と、右端の尖った山が槍《やり》ヶ岳。むしろあっち側の山に登ってみたかった。

さて頂上も踏んだことだし、ビール、ビール。と言いたいところだが、未成年なので楽しみは食事くらい。夕食はカレーライスがおかわり自由と聞いていたが、目の前に並んだカレーを見て、私は思わず隣に座っている友人と顔を見合わせた。

シャバシャバのカレーに、ペラペラと玉ネギが浮いていた。肉はよく見ると一、二枚入っている。ご飯はなんていうか、沸点が低いから仕方のない炊き具合。玉ネギしか入ってないね、とコソコソ言いながら食べた。先生がおかわり自由だからな!と言ったが、数名の男子が立っただけで、あとは皆、静かに茶をすすり目を伏せた。

当時の山小屋はどこも同じようなものだったのだろう。きっと高校生が五十人、カレーライ

スおかわり自由でたくさん食べると思って、ちょっと水増ししたんじゃないだろうか。今思い出すと笑えてくる。きっとご飯が大量に余って、蒸し直すのが大変だったはずだ。

夕食を済ませミーティングを終えると、私は友人と連れ立って外に出た。本で調べたところによると、今時期はペルセウス座流星群が最大になるはずだった。宇宙に近い山の上から、星降る夜空というものを眺めてみたい。

その晩は月もなく快晴で、星を眺めるには最高のコンディションだった。天の川を挟み、こと座のベガにわし座のアルタイル、はくちょう座のデネブと合わせて夏の大三角形。少ない知識と夜空を照らし合わせては、キャアキャアとはしゃいでいた。私たちは寝るのも惜しく、寒いねー、と膝を抱えながら、いつまでも空を見上げていた。

星や海を眺めるのが好きだった。あらゆるものを呑み込むくらい、広くて大きな空や海を眺めていると、なんだか遠くに行ってみたい衝動に駆られる。心の奥に漠然と抱えている不安も、たいしたことはない、大丈夫。なんとかなると思えてくる。

高校生活は当たり前だけど、勉強が中心だった。私は一年生の夏にしてすでに落ちこぼれ組で、特に数学は最初の証明問題からつまずいていた。まず問題を解く以前に、どうして私はこの問題を証明しなければいけないのかが理解できなかった。

中間テスト、期末テスト、全国模試。すべては大学受験に向かって動いていた。なのに私は先生が進路についての話をしても、なんだかちっとも現実味がわかず、いつもうわの空だった。どうすれば世界中を旅することができるかなぁ。そんな明後日のことばかり考えていた。

不意に視界の端から端まで入りきらないくらい大きな流れ星が夜空を切り裂いた。うわ！　見た？　見た！　やっぱりさ、人生で必要なのって感動だよね。十六歳の私が人生を語り始める。いかに無駄に思われるところに時間を使うかって、大切だと思う。効率だけじゃないと思う。

なぜ受験勉強をしているのだろう。何を暗記して何を学んでいるんだろう。そんな思いが喋りだしたら止まらなくなった。星がまたひとつ流れた。

気づけば背後の空が、遠く山並みの彼方から白み始めてきた。濃紺一色の夜から薄桃色へと移りゆく黎明の空のグラデーションは、人の心を凛とさせるものがある。きっと山の上には特別な時間が流れているのだ。このまま御来光まで、とも思ったが、さすがにもう眠気が限界にきていた。

まあいいか、少し寝なくちゃ。太陽が昇るから寝るというのもなんだかね、と苦笑しつつ、私はもう一度、穂高連峰と槍ヶ岳の稜線を振り返りながらこう誓った。いつかあそこに登ってみよう。そう決めたら急に胸がドキドキしてきた。

夜明けはもう、すぐそこまで来ている。

兄とワンダーフォーゲル

金魚のうんこみたいだった。幼い頃の私は、年子の兄の後ろにくっついて、兄のすることなすこと真似をし、遊んでもらおうと一生懸命だった。兄も「お兄ちゃん、連れてって」という妹を特に嫌がるふうでもなく、いつも仲よく遊んでくれた。

虫捕り、野球、忍者ごっこ、木登り、その他諸々。当然、遊びは男の子のやるようなことが多かった。まだファミコンもない時代だったので、天気がよければ外で遊んでいた。

兄が幼稚園に行ってしまうと、私は絵本を読んだり、絵を描いたり、家でゴロゴロしながら空想に耽《ふけ》ることが多かった。あまりにも見た目がだらけていると、母が心配して「お外で遊んでらっしゃい」と追い出されることもあった。

追い出されて一人でも遊べるのは、やはり虫捕りだった。当時は東京の狛江《こまえ》に住んでいて、家の周りにはあまり自然が残っていなかったので、私は地味な虫と遊ぶことが多かった。

兄が好きな
恐竜
私も一緒に
好きになる
真似をするのは
一緒に遊んで
ほしいから
絵を描くのが
上手な兄
どうしたら
上手に描けるの
くやしいなあ

ダンゴムシを集めたり、蟻地獄にアリを入れてみたり、なかでもコメツキムシは面白かった。今の子どもたちは、コメツキムシを知っているだろうか。パチンと硬い羽を鳴らして空中に飛び上がり、半回転して起き上がる虫だ。これを何度もひっくり返して遊んだ。

小学校一年生の三学期になると、東京から栃木への引っ越しが決まった。栃木のなかでも県北の田舎のほうで、周囲は自然にあふれていた。今までデパートでしか見たことのなかったカブトムシやクワガタが、家の近くのクヌギの木に張り付いているのだ。兄も私も狂喜乱舞した。

小学校の三年生になると、学区内でまた引っ越しをした。今度は川の近くだった。山から流れ出た水がいったん地中に潜り、台地状の地形になったところで再び伏流水となり、地上に流れ出てくる川だった。そのため水温がとても低く、水がとても澄んでいた。

兄がこの川で釣りをすれば、私も真似をした。釣竿を持っていなかった私は、針と糸だけで米粒を餌にして、護岸の消波ブロックの隙間から覗き込み、引っかけ釣りをした。

あるとき捕まえた雑魚を学校に持っていき、何も考えずにメダカの水槽に入れたことがある。翌朝、メダカはいなくなり、入れた雑魚はみんなひっくり返って死んでいた。雑魚のお腹には、食べられたメダカがパンパンになって入っているのが透けて見えた。雑魚を入れた私が悪かったのか、それとも食べすぎた雑魚が悪いのか、土に埋めながら考えた。

兄も私も、中学年を過ぎて部活動が始まるようになると、一緒に遊ぶことが少なくなっていった。中学校、高校、やがて兄は東京の大学へ、私は受験を機に愛知の高校へと道は別れていった。

もともと絵を描くことが好きだった私は、落ちこぼれだったこともあり、高校一年生の終わりに美大への進学を決意し、ひたすら絵を描き続ける生活を送るようになっていた。

そんなある日。東京の大学に通っていた兄が、久しぶりに愛知の実家に戻ってきた。春休みで長崎の五島列島に行った帰りとのことで、大きなザックを担いで真っ黒に日焼けしていた。

なんだかかっこいいなあ。私は兄の姿を見て思った。

山岳部なの？　尋ねると、ワンゲル、えっと、ワンダーフォーゲル部。なんだろう、ワンゲルって。兄の話をまとめると、テントを担いで山に登ったり、アウトドア活動の旅をしたりしているらしい。私の脳裏に蝶ヶ岳に登ったときの記憶がムクムクと蘇ってきた。

私は美大に入ると、まずはワンダーフォーゲル部を探した。通っていた美大には山岳部がなかったこともあり、私はたいして迷うこともなくワンゲルに入部した。穂高連峰と槍ヶ岳に登るという誓いも、どうやら現実味を帯びてきたようだ。

幼い頃から兄の真似をしてきた。山に登るのも、虫が好きなのも、みんな兄の影響だと思っている。しかしどうしたことだろう。兄はもう山には登らないし、どちらかというとインドアで、虫も嫌いになってしまった。「同じように育てても、まるで違うように育つわねぇ」母の言葉通りかもしれない。結局は、持って生まれた資質に左右されるということか。

第二章

ワンゲルの日々

高いところが好き

「美大生って、子どものときに高いところから落ちたことのある人が、一般大学の生徒に比べると圧倒的に多いんですよ」。心理学の講師の言葉に、半分閉じかけていた私の目はパチンと開いた。「まあ、つまりですね。高いところから落ちて頭を打ったから絵の才能に目覚めたとか、そういうわけではなくてですよ。そもそも高いところから落ちる、というのは、高いところに登ってしまっている、ということになります」

講師は続けた。「人間にはもともと高いところに登ってみたいという欲求がある。けれども高いところは危ないという理性も同時に働く。そこで理性による判断で登るのをやめる人間と、理性よりも欲求のほうが勝ってしまう人間とに分かれてくるのです」「美術造形に関わる人間には欲求、すなわち本能に従い行動してしまう場合が多いのではないか。まあ、僕の作ったアンケート調査の結果による乱暴な推論ですが」。講師は笑ったが、私は妙に納得してしまった。

思い当たる節が自分のなかにもある。

あれはまだ幼稚園生のときだ。住んでいた団地と隣のマンションとの境に、高い壁が立っていた。小学生の子どもたちは、壁の横に立っている電柱を伝ってその壁の上に立ち、平均台のように上手に渡り歩いて遊んでいた。大人の身長よりもまたさらに高い壁だったから、さすがに大人に見つかると「危ないから下りなさい！」と叱られていた。

いつかあの壁の上を歩いてみたい。まだ小さな私にしてみたら、壁は果てしなく高い城壁のように思われた。でも実行するときは、絶対大人に見つかっちゃいけない。私は壁の前に立つたびに、電柱を登る自分と、壁の上を歩く自分をイメージし、来るべき日に備えた。

ポカポカと晴れたある日の午後。小学生たちはまだ学校から戻ってきておらず、しばらく周りを見ていても、大人の来そうな気配はなかった。今しかない、もうこれ以上考えていても仕方がない。私は登りたいんだ。

意を決し、私は電柱に手をかけた。電柱の表面は陽を浴びて少し温かく、しがみついた私の手のひらをザラリとなめた。私はサルのように電柱にしがみつき、両足の裏で電柱を挟みながら、ズルズルとずり上がっていった。

もう少しで壁の上面に手が届く。電柱から壁に移って立ち上がるところが、イメージのなか

では一番の核心部だった。慎重に。私は無理せずに乗り移れる高さまで登り、まずは壁の上にまたがった。想像はしていたものの、くらくらするくらい高い。私は電柱を頼りに、ゆっくりと壁の上に立ち上がった。やった！
立ち上がった右半身は今まで自分がいた世界、左半身はマンションの薄暗い庭だった。湿った赤茶色の土の上に、小さな雑草がポツンポツンと生えている。さあ、行くぞ。
私は両手を広げ、恐る恐る一歩目を踏み出した。私の計画では壁の角まで行き、そこから左に九十度直角に曲がり、さらにその先の角まで行き、植木を伝って下りてくる、という予定だった。曲がった先は右側に植え込みがあるので、最悪落ちても右側に落ちればなんとかなる。問題はこの長い直線だ。左右がスッパリと地面まで切れ落ちている。
私は一歩一歩、確実に足を運んだ。ところが長い直線の半ばを過ぎたとき、視界の端にチラリと人影が入った。私は壁の上から目をそらさないように、右の目だけでその人影を確認した。うわ、最悪。お母さんだ、怒られる。母はゆっくりと壁のほうに近づいてくる。

「けいこちゃーん」母は優しい声でゆっくりと私に呼びかけた。

「下りてらっしゃーい」

「あそこまで行く」。それ以上、返答する余地はなかった。もう後戻りなどできないのだ。見つかってしまったからには仕方ないし、それに母はそれほど怒っているようでもなさそうだ。


壁の角を曲がり、さらに先の角まで行き、私は植木をつかんだ。つかんだ植木に乗り移ると、枝をバリバリいわせながらずり下り、そしてようやく地面に足が着いた。すごいね、やった！　母のところへと走った。すごいね、ってほめてくれるかな？

「こらー！　危ないでしょ！」。うわ、

やっぱり。さっきまでの態度は嘘だったんだ。目を吊り上げてガミガミと母は怒鳴っていたが、私の心は充実感に満たされていた。私、あの上を歩いたんだ。そっと振り返って壁を見上げた。きっと最年少記録にちがいない。

こっぴどく叱られた私は、もう二度とその壁の上を歩くことはなかった。それに私にとってもう未知ではなくなったその壁は、また歩きたいと思うほどのものでもなかった。

高いところと美術造形か。たしかに同じ類いの欲求のような気がする。高いところに登るのは大変だし、怪我をするかもしれない。モノを造るのだって大変だし、うまくいかずに苦しむ。でも登ってみたいし、造ってみたい。まだ見たことのない領域を覗いてみたい。

講師の話を聞きながら、私は自分のノートに「三つ子の魂百まで」と付け足した。

歩荷とキスリング

歩荷《ぼっか》とは。山で荷物を背負って運ぶこと、またはそれを仕事とする人のことをいう。読んで字の如し、歩く荷物である。たくさんの荷物を担いで歩く姿は、まるで荷物がトコトコと歩いているみたいに見える。山小屋でもヘリコプターによる物資輸送がなかった頃は、荷物は歩荷が運んでいた。むろん今でも歩荷に頼っている山小屋はある。

キスリングとは。これは大型の布製登山用リュックで、縦長の袋状になっており、左右に大きなポケットが付いている。日本では昭和の初めから四十年代あたりまでよく使われていた。キスリングと呼ばれるのは、スイスのキスリングという人が考案・製作したため。

さて、話はワンゲル新入部員の話になる。入部して日帰りや一泊二日の登山に行くようになると、今度は夏合宿に向けてのトレーニングが始まる。夏合宿は一週間くらいの縦走登山なので、それなりの重さの荷物を持って山を歩かなければならない。その予行練習のため、新入部員は歩荷トレーニングと強化合宿をこなすことになっている。

ワンゲルの部室には、埃をかぶったキスリングがいくつも床に転がっている。昔はこれで山に登っていたのだろうが、今は歩荷トレーニングくらいにしか使っていない。歴代部員の汗が染み込んでいるので、嗅いでなるたけ臭くなさそうなやつを選ぶ。

キスリングにはレンガブロックを入れる。女性は十五キログラムから二十五キログラム、男性は二十キログラムから三十キログラムと、重さを少しずつ増していきながら、登山に耐えられる体をつくっていく。トレーニング場所は風通し

〈キスリングの使い方〉
荷物を入れたら口を絞る。
上からクルクルと巻いて、
紐を金具にかけて留める。
余った紐はまとめる。

のいいデザイン棟の階段で、一階から四階までの三往復を三セット。通りすがりの生徒に「何やってるんですか？」とたまに聞かれたりもするが、黙々と上り下りを繰り返す。

高校こそ美術部だったものの、小中学校とバスケ部で足腰を鍛えた私は、もともと華奢という体形でもなく、体つきはしっかりしていた。なので歩荷トレーニングはそれほど苦ではなかった。荷物が重くなっても、とにかく一歩足を上げれば一歩上に上がれる。その単純作業の繰り返しはむしろ心地がよかった。

通っていた美大は、午前か午後のどちらかが実技で、どちらかが学科の単位を取る授業だった。真面目に出席していれば、大半の学科科目は二年生までに修得できる。落としてしまった科目は卒業までに取ればいい。問題は実技、私の場合は油絵を主体とした造形だ。こちらはひとつでも落としたら即留年が決定する。

課題さえ出せば落ちることはないのだが、それだけに実技はひたすら自分との闘いだった。一生懸命描いているつもりが、なんだかその場で足踏みしているだけのような気がしたり、いったい何が正解なのか、いつまでたってもわからない。

だから歩荷のように体を使ってわかりやすい作業をすると、私の精神衛生は回復した。一歩一歩登りさえすれば、目指すところに近づいていける。絵だって同じなのではないか。体力増強の名の下で、一人悶々、青春の苦悩を歩荷トレーニングによって燃焼させていた。

すべての歩荷メニューをこなすと、トレーニングはいよいよ仕上げに入る。強化合宿は、重たい荷物を持って朝から晩まで山を歩き続けるというスパルタ方式。とはいっても美大ワンゲルの先輩はみんな緩くて、他人に無理強いはしない。人はそれぞれ、価値観もそれぞれ、感性で生きればいいと思っているから、自分に厳しく他人におおらかだ。

そんな先輩に支えられた強化合宿だから、荷物が重かろうが、朝から晩まで歩こうが、つらくても楽しいばかりだった。山があって、仲間がいて、登れたら、もう言うことはない。梅雨真っただ中、汗と雨でグッショリになりながらも、私は次第に山にのめり込んでいく自分が嬉しかった。

美大ワンゲル夏合宿

夏合宿は例年、テント泊で一週間くらいの縦走登山をする。北アルプスのこともあれば南アルプスのときもあり、そのときどきの話し合いで場所や行程を決める。新人の頃はまだ山のことがよくわからないので、とにかく行くと決まった山域の地図を買い、暇があれば眺めてイメージを膨らませた。

東京から北アルプスの山に向かうときは、当時まだ走っていた新宿発○時二分の松本行き夜行列車に乗った。乗客は登山者がほとんどで、空いた座席か床にマットを敷いて寝転んだ。こんな世界があるなんて、登山を始めるまで想像したこともなかった。

ワンゲルの先輩からは山のイロハすべてを教わった。テントの立て方、ガソリンコンロの使い方、革製重登山靴の手入れの仕方、天気図の書き方、山用語、もろもろ。

山用語で面白かったのは、トイレットペーパーを「キジ玉」と呼ぶことだった。登山者なら多くの人が知っていることだが、野外でするトイレを「キジ撃ち」という。茂みに低く隠れてトイレをする姿が、キジを撃つ猟師の姿勢に似ているところからきている。それで「キジ玉」。ご飯を食べる箸やフォーク、スプーンを総称して「武器」というのも可笑しかった。

先輩は山を歩きながらも、登りはステップを細かく刻んだほうが楽だとか、荷物は重いものを腰の上や背中側に寄せたほうがいいとか、その都度気づいたことを教えてくれた。

あるときは、雪渓の中に肉などの傷みやすい食材を埋める、という方法を教わったが、こちらは埋めた場所がわからなくなって困った、というオチがついていた。のちに私はその方法を応用して川で食料を冷やしてみたのだが、貴重な食料は見事カラスに食われた。

いずれにせよ、新しいことをひとつひとつ覚えたり、発見したりすることは、山に登るのと同じくらい楽しいことだった。

夏合宿の参加者はたいてい十人くらいだった。一緒に歩くと多すぎるので、パーティーを二つに分けて歩いた。テント等の装備はパーティーごとに持ち、同じ行程で前後しながら行動した。テントもそれぞれのパーティーで寝た。山では当たり前のように男女構わず同じテントで寝るので、山に登らない人から「男女同じテントで寝るの！」と驚かれたとき、なるほど言われてみればそんなものか、と改めて一般的な感覚に気づかされた。

二人でひとつ
停滞日はヒマである
同じ寝袋ってつながるんだよ
二人で一緒に寝られるよ♡
さすが先パイ
へー
カチャ
違うのだとつながらないね
一つの寝袋に二人で入ればいいんじゃない?
カチャ
ギュウ
試してみよか
ギュウ
入った!!
注:女同士です
寝てるし…
苦しい
スピ〜
出れない
どうしてこうなった?

みみずご飯
夏合宿最終日の献立は、恒例「みみずご飯」
見るなー
来るなー
みみず?
新人→
釣り用衛生みみず?ザックの中で炸裂したことある…
あれか?
ギョエ〜
糸みみず?
できたよ〜
ホカ　ホカ
ウッ
コンビーフご飯だよ
美味しい♡
みみずみみず

私自身、既成概念にあまりとらわれない性質だったのか、合宿での共同生活も、一週間お風呂に入れないことも、まあこんなものかと受け入れることができた。強いて言うならば、カレーやシチューを作ったあとの、鍋を拭かずに作るお茶は苦手だった。たしかにそうすれば鍋もきれいになるし、ゴミも出ないので一挙両得なのだが、味がどうにもいただけなかった。

とらわれないという意味では、周りの仲間も似たり寄ったりだったかもしれない。

あれは白馬方面に夏合宿で登りに行ったときだった。白馬《しろうま》岳の西側に白馬《はくば》大池《おおいけ》という、面積六〇平方メートル、最大水深一三・五メートルの、北アルプスで二番目に大きな池がある。大昔の白馬大池火山の噴出物によってできた池だ。

夏合宿前のミーティングで、白馬大池で泳げるね、水着が必要だな、なんて話があったのだが、まさか私は冗談だと思っていた。なのに何？　みんな海パン持って、水着持って、浮き輪まで？　この人たちを見ていたら、私は美大生だけど、かなり自分が普通寄りの人間なのだと

思わずにはいられなかった。と同時に、彼らの感性に対してある種の羨ましさを感じた。

ちなみに浮き輪ではしゃいで泳ぎまくっていた女性は、夜になっても寒い寒いと震え、軽い低体温症の症状が見られたので、迂闊に雪解け水の池で泳ぐのは危険だと思った。

さて、報告を忘れていた。高校一年生の蝶ヶ岳での誓いはどうなったかというと。私は無事、一年目の夏に穂高、二年目の夏に槍ヶ岳を登ることができた。

山を始めたばかりの私にとって、穂高や槍のように険しい岩峰は憧れの対象だった。なので次は剱岳《つるぎ》に登ろうと考えた。剱岳は北アルプスでも富山県にあり、登るにはアプローチも含めると日数が必要だ。しかし先輩からは「夏合宿は新人も連れていくから剱岳は危ない」と釘を刺されていた。

そこで私はワンゲル同期の親友ノリ子、白馬大池で浮き輪で泳いだ彼女を誘い、私の密かな計画を打ち明けたのだった。「面白そうだね！」。案の定、ノリ子は二つ返事で計画に同意した。

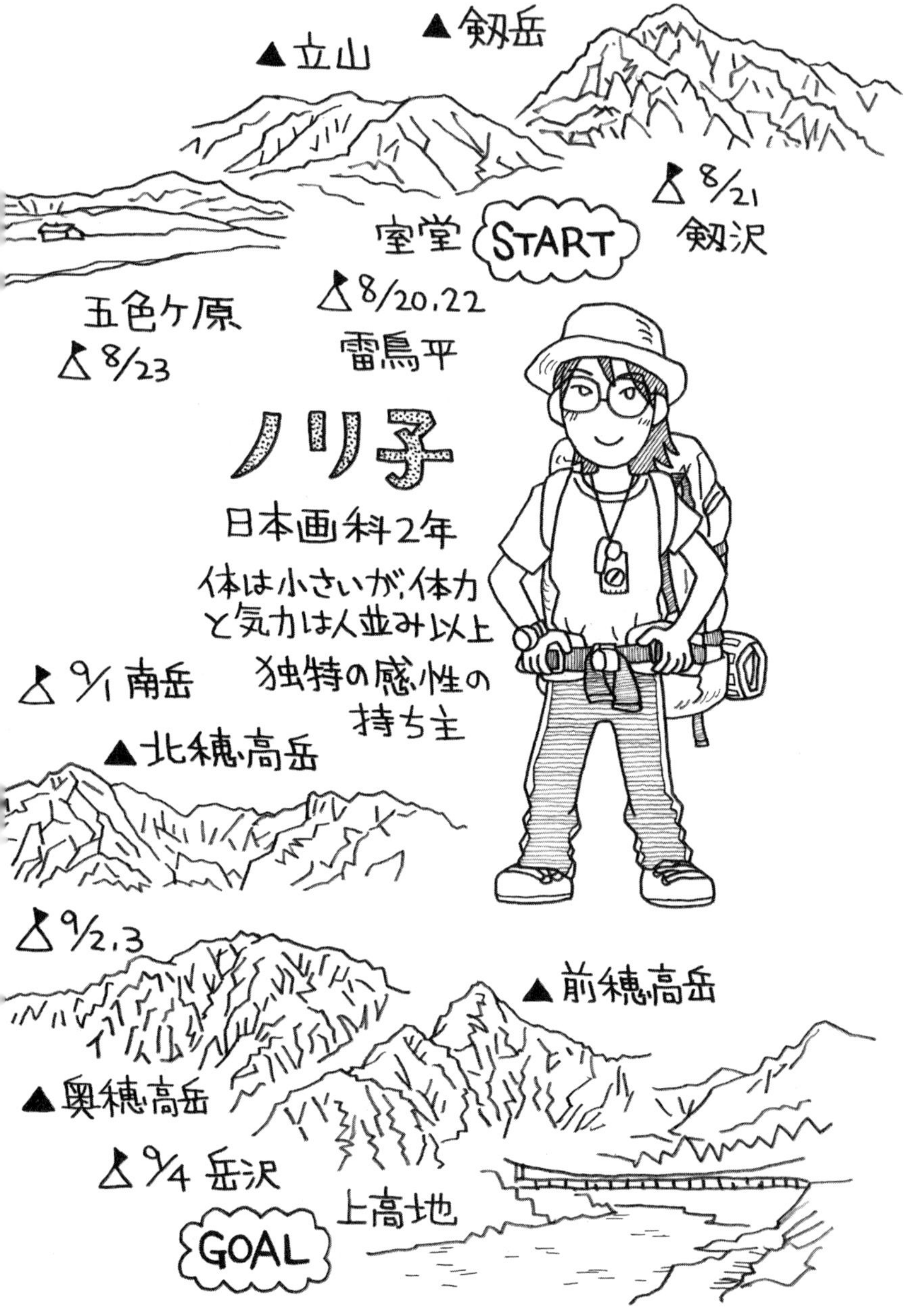
▲剱岳
▲立山
8/21
剱沢
室堂
START
8/20.22
雷鳥平
五色ケ原
8/23
ノリ子
日本画科2年
体は小さいが、体力
と気力は人並み以上
独特の感性の
持ち主
9/1 南岳
▲北穂高岳
9/2.3
▲前穂高岳
▲奥穂高岳
9/4 岳沢
上高地
GOAL

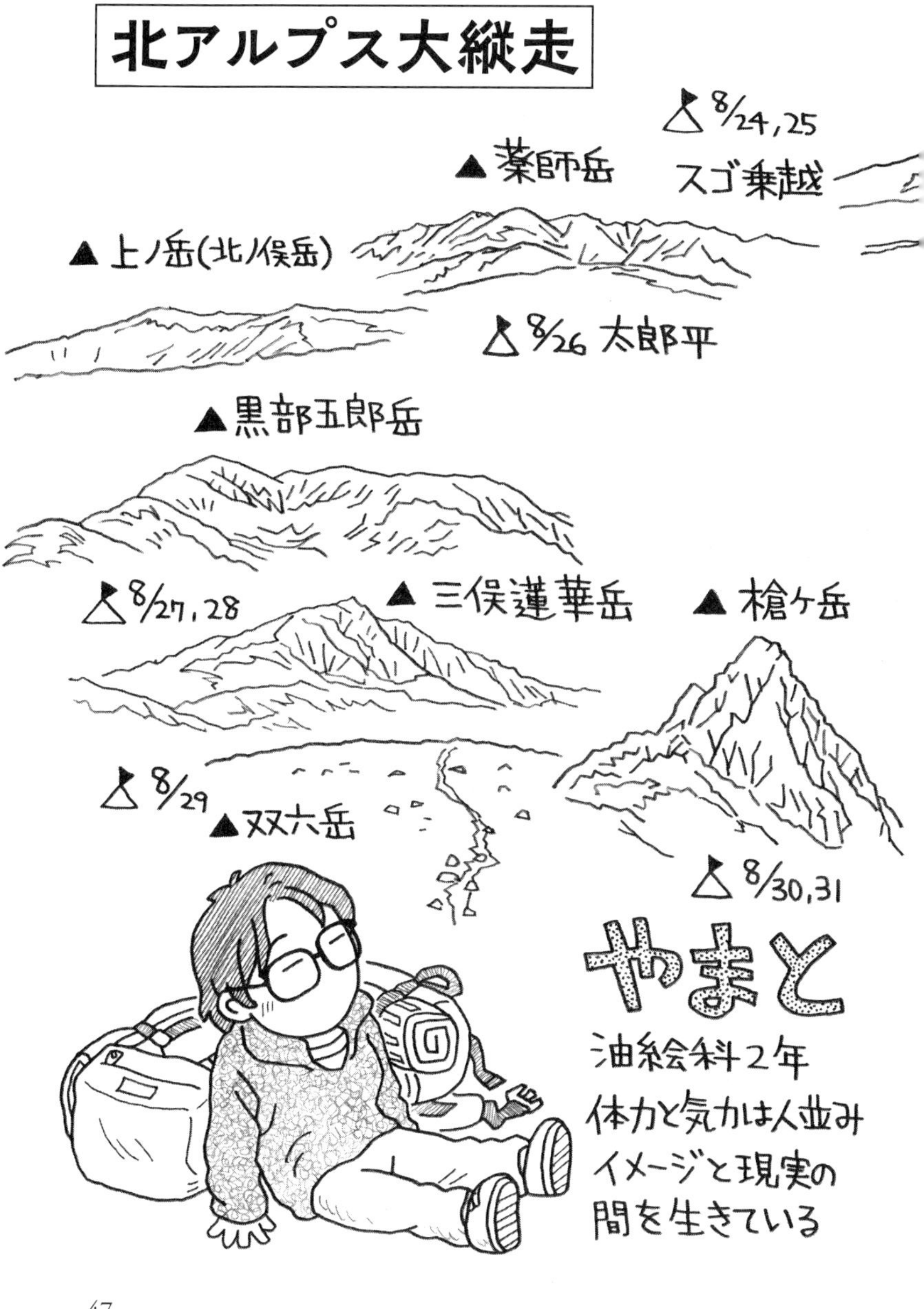
北アルプス大縦走
8/24,25
▲薬師岳
スゴ乗越
▲上ノ岳(北ノ俣岳)
8/26 太郎平
▲黒部五郎岳
8/27,28
▲三俣蓮華岳
▲槍ヶ岳
8/29
▲双六岳
8/30,31
やまと
油絵科2年
体力と気力は人並み
イメージと現実の
間を生きている

雷に追われて（室堂〜剱岳〜立山〜薬師岳）

八月前半の夏合宿を終え、慌ただしく山の片付けと準備を済ませると、私とノリ子は北アルプスにとんぼ返りした。いよいよこれから二週間のテント泊山行が始まるのだ。名付けて北アルプス大縦走。

今回の縦走は、富山県の立山室堂《たてやまむろどう》から剱岳に登り、北アルプスを稜線沿いに南下して、長野県の穂高連峰から上高地に下山するという計画だ。

近頃の登山者であれば、トレランや軽い荷物でスタスタと歩いてしまうのだろうが、当時の私たちは、重装備のちんたら山行だった。立山駅でケーブルカーに乗るときに計量した自分の荷物は、ちょうど三十キロ。軽量化したつもりだったが、正直私には重たかった。

最初の試練は室堂から剱岳に向かう急登だった。途中、登山者の「ライチョウがいる！」との声に顔だけは上げたが、カメラを取り出す気力も起きなかった。足元に目を落とし、ひたすら白い礫《れき》と岩の登山道を見つめながら登った。ノリ子の荷物は二十五キロだった。体格の差があるとはいえ、もう少し共同装備を持ってもらえばよかったと、うらめしくなった。

ようやく剱沢まで上がりテントを張った私たちは、ラジオの気象通報を聴いて作成した天気図を眺めながら思案していた。スマホなどない時代のやり方だ。山の天気は八月後半にもなると、梅雨明け十日と呼ばれる晴天期も終わり、北からの冷たい寒気が雨や雲を運んでくるようになる。天気図には、この先の雨天を予想させる低気圧が、日本海にデデンと鎮座していた。

縦走の予備日は六日間用意していた。さてこの予備日をいつ使うかが悩ましい。ある程度の雨なら歩かないと、あっという間に予備日はなくなってしまう。「明日は雨だね」「そうだね」「どうする？」。うーん、先はまだまだ長いし、いきなり停滞というのもこの先が思いやられる。天気は悪そうだけど、とりあえず明日は歩こうか。二人の意見はまとまった。

翌朝、私たちは雨とガスのなかを剱岳に向かって出発した。鎖の張ってある岩場も、足元がガスで真っ白なので高度感がまるでない。頂上直下のカニのタテバイという難所を越えて山頂に着いたものの雨と風で寒いし、景色も何も見えない。あれだけ憧れたはずの剱岳なのに、山頂の証拠写真だけ撮って、サッサと下り始めた。空がずっしりと重い。

やがてゴロゴロと遠くから雷鳴が近づき始め、前剱まで戻ってきたところで追いつかれた。

ビシャン、バーン！　私たちはとうとう雷雲の真っただ中に放り込まれた。

雷といえば、一九六七年に西穂高岳独標《どっぴょう》付近で、松本深志高校の生徒十一名が亡くなった大量遭難事故が有名だ。生き残った生徒の証言によると、体の中を通った電光が指先から放出されるのが見えたという。大量の電流が体を抜け、つま先に穴の開いた靴の写真も衝撃的だった。

このままだと運が悪ければ雷をくらう。小心者の私は、ノリ子に窪地でやり過ごそうと提案した。雷に遭遇したら金属を体から離して低い姿勢になる。山の雷は上から来るとは限らず、斜面に沿って縦横無尽に走る。本を読んで覚えていたのはそれくらいだった。

バーン！　バーン！　光と音が同時にはじける。直下だ、まさか当たらないよね。自分の雨具のフードから雨がボタボタ落ちるのを、私はしゃがんで震えながら見つめていた。寒い。

しばらくの間、身を縮めて我慢しているうちに、次第に雷は遠ざかっていった。私は立ち上がって荷物を背負い直した。ノリ子は全然平気そうな顔をしている。怖くなかったのか？

びしょ濡れになってテントに戻り、夕方になって天気図を取ってみると、明日も今日と似たり寄ったりの気圧配置だった。「また雨かな」「雷かな」「どうしようか」「今日大丈夫だったから、明日も大丈夫じゃない」「いや、今日って大丈夫だったの？」。半ばヤケクソな気持ちで、私たちは翌日も歩くことに決めた。立山は朝からひどい雨降りだった。

ちなみに立山とは、雄山《おやま》、大汝《おおなんじ》山、富士《ふじ》ノ折立《おりたて》の総称だ。立山信仰では、この立山を「現在」として、南の浄土《じょうど》山を「過去」、北の別山《べっさん》を「未来」に見立て、合わせて「立山三山」と呼び、信仰の対象としている。

私たちは剱岳方面から立山に向かって、雨のなかを歩いていた。予想していた通り、別山を越えた辺りから、雷がゴロゴロ

と鳴り始めた。うわぁ、また来たよ。ついつい速足になる。だが雷の速さに到底かなうはずもない。

バババババーン！　ひゃー、始まった。足元から雷雲が湧き上がり、稲妻が駆ける。まずい、昨日よりひどいぞ。たしか富士ノ折立を越えてしばらく行ったところに、大汝休憩所があったはず。そこまで走ろう。私たちは土砂降りになった雨に叩かれながら、ビチャビチャと走り始めた。まだか、まだか、どこだ、見えたあそこだ！

ガラガラガラッ、こんにちは！　大汝休憩所に飛び込んだ。驚いた管理人のお兄さんが奥から顔を出し、「あんたらこんなときに歩いとるんか」と呆れた表情をした。「すみません、ちょっと休ませてください」。こちらはようやく生き返った心地だ。ああ、壁と屋根があるってありがたい。

びしょ濡れの雨具を脱ぎ、行動食を口に運びながら、「九時だね」とノリ子が腕時計を確認する。「天気図取ってみようか」。朝の気象通報が九時十分から始まる。私は慌てて天気図とラジオを取り出し、周波数をＮＨＫ第二放送に合わせた。「うおー、天気悪いね」。日本海から北陸にかけて、前線を伴った強い低気圧が通過真っ最中だ。

管理人のお兄さんが、そんな私たちの様子を見てゲラゲラと笑った。「外を見りゃあわかるだろうが」。たしかにその通り。ほかにお客さんがいなかったこともあり、お兄さんは私たちに温かいカフェオレをご馳走してくれた。

クリーム色の陶器のカップに、ソーサーが添えられていた。凍えた手でカップを持つと、じんわりと温かさが伝わってくる。私はそのぬくもりがもったいなくて、しばらく抱えてからゆっくりゆっくり飲んだ。白い湯気の立ったカフェオレは甘くてほんのり苦く、冷えた体に沁み渡っていった。あとにも先にもその一杯が、人生で一番美味しいカフェオレだった。

その後、私たちはお兄さんと話をしたりして、ずいぶんと長いこと休憩所で時を過ごした。もう動くのがすっかり嫌になってしまった頃、ほかの登山者が休憩所に入ってきたのと、雨が小降りになったタイミングで、ようやく重たい腰を上げた。

私たちはお兄さんに何度もお礼を言い、二人笑い合いながら、再び雨の立山を元気よく歩き始めた。

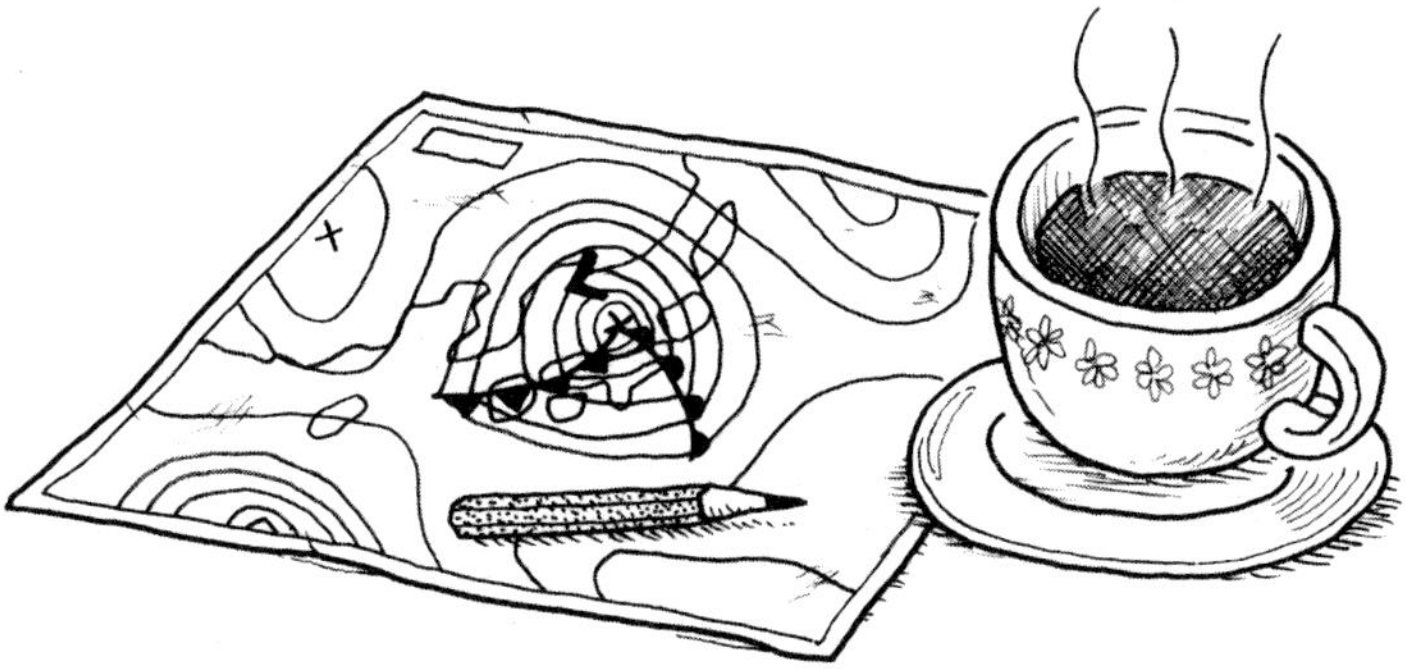

真夜中のスープスパゲッティ（〜黒部五郎岳〜双六岳）

剱、立山から五色《ごしき》ヶ原《はら》、スゴ乗越《のっこし》、薬師《やくし》岳を越え、私たちは太郎平《たろうだいら》へとたどり着いた。入山七日目。ちょうど縦走の中間地点だ。特に疲れは感じていないといえるが、ひたすらお腹だけは空いていた。

軽量化のため、食料を減らせるだけ減らしていた。朝は米〇・五合にお茶漬けの素。昼はパン、インスタントスープ、プロセスチーズ一個と缶詰を二人で一缶。夜が米〇・八合にインスタントみそ汁で、おかずは豪華な日は永谷園の麻婆春雨、貧しい日はチャーハンの素。

毎日、大きな荷物を背負って山を歩いている二十代前半の肉体だ。いくら女性であってもこれでは足りない。もっと食べたい。取り分ける米とおかずの量が二人同じになるように、私は毎回気を使った。ところがノリ子は物事をあまり気にしない性質なので、なんだか適当に見える。しかしそれが彼女の精神的強さの要因にも思えるから、少々羨ましくもある。

反して私は神経質なのだろうか。お腹が空いているせいかもしれないが、ここ最近、気の立つことが多い。太郎平に着いたこの日もそうだった。

外が雨降りだったので、炊事は狭いテントの中ですることにした。私は貴重なお米を鍋に入れ、倒れないようにそっとガスの上に乗せた。燃料も貴重だ。暖房のためだけには点けられないから、ついでに濡れた手袋や靴下をテント上部に張ったロープにかける。

と、そのとき。なんたること。ノリ子が脱いだ靴下をペタンペタンと鍋の上に置くではないか。私はしばし固まった。この常識を軽く飛び越える彼女の秀逸な発想力。たしかに理にはかなっている。でも、だが、いや、しかし。

「それやめて」「なんで、だって乾くよ」「でもそれご飯の上」「中に入ってないよ」「気分的に嫌」。小さい、私は小さかった、ごめんノリ子。ノリ子は「やまとが嫌なら仕方ない」とサッサと靴下をロープに移動したが、私はなんだか考え込んでしまった。ノリ子の行動は物理的に正しかったのではないか？　私の優先しようとしたことは単なる常

識のくくりか？　いや、それでもご飯を炊く鍋の上で一週間履いた靴下を干すのはいかがなものか？

いずれにせよ、ご飯は炊けた。きっかり〇・八合食べたが、食べてもちっともお腹は満たされなかった。二人は黙ってゴソゴソと寝袋に入るしかなかった。

グウウゥ。いびきではない、お腹の鳴る音だ。とうとう私は我慢しきれずに、ノリ子に「お腹が空いたね」と話しかけた。「それ言うの我慢してたんだけど」とノリ子は答えた。「残りの予備日用の食料を食べてしまおうか」「最終日一日くらいなら、最悪食べなくてもなんとでもなるかもね」。とにかく今、重要なことは、お腹が減って眠れないということだ。ええい、ままよ。食べてしまえ。

二人はガバッと同時に起き上がり、ガスを点けて鍋に湯を沸かし始めた。焦った私は、まだ沸騰しきっていないお湯に、百円ショップで買ったスープスパゲッティを投入した。ただでさえ沸点の低い山の上で、スパゲッティはぬるりぐにゃりと茹で上がった。しかし茹で加減など構っていられない。私たちはぬるりぐにゃりを互いの器に取り分けると、美味しい、美味しい、と言いながら、一気に胃の腑に流し込んだ。

再就寝。「たぶんあのスープスパゲッティは不味かった」。ノリ子はぼそりと言ったが、私も

同感だった。ものを美味しく感じるときは、そのときの飢え具合によるところが大きい。愛情やお金、睡眠や自由、なんでもそうだと思うのだが、飢え具合に比例してありがたく感じる。たしかにあのスープスパゲッティは不味かったかもしれない。だが主観的には美味しかったのだ。それでいい。これで眠れる。

少しはお腹が満たされたかと目覚めた翌日。テントを撤収していつものように歩き始めたが、私はちっとも力が出なかった。どうやらスープスパゲッティは、昨晩のうちにすでに消化されてしまったようだ。歩いて間もない上《かみ》ノ岳の登りでいきなりバテた。

とはいうものの仕方がない、歩かなければ。しかし、ノリ子はなぜ平気なのだ？　体力だけではない。お腹も強い。私は自分の少しカビの出始めたパンを、こそいで食べてお腹を壊した。「私、お腹強いから交換してあげる」。ノリ子はそのパンをためらうことなく自分のものと交換してくれた。優しくて強い頼りになる親友。

黒部五郎岳《くろべごろう》のカールではガスに巻かれた。カール内が広いので、途中どこかで道を間違えてしまったようだ。いつの間にか沢を下り始めていた。おかしい。ガスの切れ間に三俣蓮華《みつまたれんげ》岳を確認できたので、地図で確認すると、やはり登山道はもっと上にあるようだった。

現在地が大体わかったので、まあいいかとそのままクマザサの藪を突っ切って、黒部五郎小舎まで歩いた。案の定、不必要に体力を消耗した。もうダメだ、お腹が減った！

ワンゲルの部則では「山小屋で食べ物を買ってはいけない」「必要なものは自分でちゃんと背負って歩きましょう」とあったけど、これはもう非常事態だよね、とノリ子と相談した。答えは三秒で出た。

私たちは山小屋でビスケットを一箱買い、二人でむさぼり食った。それでも足りずにもう一箱買い、それも食べた。結論、食べないと元気に歩けない。当たり前のことを二人で確認しあったのだった。

以降、各山小屋のビスケットが私たちの活力の源になる。

山よりキャベツ（〜槍ヶ岳〜穂高〜上高地）

双六《すごろく》岳方面から槍ヶ岳に向かう西鎌《にしかま》尾根を歩いている頃から、天気は荒れ模様となってきた。今日の午後から明日にかけて、前線を伴った強い低気圧が日本上空を通過する予報だ。前を歩く体重の軽いノリ子が時折、突風に煽《あお》られてふらつく。

一瞬、目の前を紫色の物体が舞った。あっ、ノリ子のザックカバーが飛んだ。「ノリ子！」。振り返ったノリ子が、クルクルと飛んでいくザックカバーを見て「あらー、もうあんなに小さくなっちゃった」と他人事のように笑った。「すごい風だねぇ」

天気が悪いときの山は、人間の存在などまるでお構いなしだ。バチバチと全身を叩きつける雨と強風のなか、私たちはお互いに慎重にいこうと声をかけながら、昼過ぎにはなんとか槍ヶ岳の肩に到着した。

稜線にある槍ヶ岳のテント場は、風が容赦なく吹き乱れていた。私たちはテントをどこに張ろうかと、場所を探してしばらくウロウロした。風の当たりが弱くて、平らで、傾斜のないところ。最終的に決めたのは、岩陰に張り付くような小さなスペースだった。

風は一瞬にしてものをさらう。テントを立てるときに不用意に風をはらませると、テントが飛ばされてしまう危険がある。まずはポールを伸ばし、テントを出して地面に置き、飛ばされないように両膝で押さえながら広げる。次に組み立てたポールをテントにセットして、ザックを中に入れて重し代わりにする。そのあと、ポールを押し込みテントを立てる。フライシートも先に二カ所留めてから広げる。黙っていてもお互い危ぶまずに作業できるのは気持ちがいい。

登山靴の紐を解き、ようやくテントに潜り込む。ファーッ、と大きなため息が出る。これでひと安心。狭いテントで二人もぞもぞと雨具を脱いだり、マットを敷いたりと居場所を整える。ガスを点けてお茶を沸かし、寝袋に半身を突っ込んで落ち着くと、もう一歩も動きたくない。屋根も床も薄いナイロン生地で少し浸水もするが、山のテントはくつろぎのマイホームだ。

遅い昼ごはんを食べ、ラジオを聴いたりぼんやりして時間を過ごす。ノリ子はゴミの軽量化と言って、使用済み天気図の裏に手紙を書いている。簡易ポストの置いてある山小屋から、切手を貼って下界に出すのだ。

雨と風は強くなる一方だ。嫌だなぁ、外に出るの。でもそろそろ膀胱が限界に近い。やむを得ない。濡れた雨具を着込み、用を足しに嵐のなかを外に飛び出す。

足早に駆け込んだテント場のトイレは、当時まだバイオトイレではなく垂れ流しだった。谷底から吹き上げる風が、便器の中にまで上がってきている。これは危険かも。心配した通り、足した用がファサーッと霧状になってお尻を濡らす。ヒャア、とお尻をよける。拭いて捨てたトイレットペーパーが、フワフワと空中ダンスを始めた。

日も暮れる頃には、周囲に張ってあったテントが次々と風で潰れ、数張りのテントが残っているだけ、という心細い状況になってきた。私たちは上半身に雨具を着込み、二人向かい合わせで膝を抱えて座り、強風にしなるテントを支

えた。「ポールが折れないといいね」。テントを伝う雨と寒気が背中に冷たい。

そのままどうやって寝たのかは覚えていない。時折ふと目が覚めては時計を確認する。夜半も過ぎた頃、風はだいぶ収まってきたようだ。相変わらずテントはバタバタとなり続けているが、もう潰される心配はないだろう。

好天が戻ってきたのは翌々日になってから。いよいよこれから穂高の稜線へと向かう。槍ヶ岳から南岳《みなみ》、その先、登山道は徐々に痩せた岩稜帯となり、高度感がいやがうえにも増す。足元に注意を払いながら丁寧に歩く。岐阜側、長野側、どちらに落ちてもただでは済まない。

澄み渡る九月の空が高い。行く手には険しい岩稜帯の登山道が続いている。風と太陽がやけに眩しい。岩の上の小さな足場に立って、切り立つ風景に向かい合っているというのに、心は空と同じく晴れやかだ。私は大きな深呼吸をひとつした。

おそらく子どもの頃と一緒なのだ。登ってみたいという好奇心だけで、高い塀の上を歩いたあのときと。無心になって歩いている自分。一歩一歩広がる新しい世界、新しい経験。山は私にとって、多少怖くても、不愉快でも、大変でも、子どもの頃に感じていた好奇心いっぱいの世界に帰れる場所なのかもしれない。

さて、停滞を含めると十六日間にも及んだ北アルプス大縦走も、今日が最終日。よくまあ室堂からテクテクと歩いてきたものだ。今や食料も燃料もほぼ尽きて、荷物は体感で十五キロもないくらい。荷物が軽いと心まで軽くなる。

いつものように歩きながら、ノリ子と「下りたら何が食べたいか」という話になった。「キャベツが食べたい。キャベツの千切りにマヨネーズをかけて食べたい」。そう私が言うと、ノリ子は「こんにゃくが食べたい」と言う。おかしいな。一週間前は二人とも、うなぎが食べたいだのステーキが食べたいだの言っていたはずなのに。人間にとって最終的に重要な栄養素って、ビタミンやカルシウム、食物繊維なのかしら。

何はともあれ今日で山から下りられるのだ。キャベツでもなんでも食べられるのだ。お風呂にも入って、この臭い体とかゆい頭を洗えるのだ。とにかく嬉しい。

なのにノリ子は「もう下りるのかぁ。嫌だなぁ、もう少し山にいたいなぁ」と言いだすものだから、私は思わず目をむいた。「この楽しい日々が終わっちゃうんだぁ」。ノリ子は本当に残念そうな顔をしている。

まったく強者だ。けれど私は凡人だからね、山よりキャベツ。私はノリ子の名残惜しげな顔にくるりと背を向け、岳沢《だけ》から上高地へと続く登山道を、力いっぱい駆け降りていった。

あん肝鍋

鍋の恋しい季節になった。標高の高い山には雪がつき始め、部として雪山をやらない我らがワンゲルは、東京近郊の低山ハイクが山行の中心になってくる。日帰りハイクなら体力も余るし、鍋でも担いで山の上で鍋大会をしないかと提案してみると、すぐに賛同者が集まった。

材料はそれぞれ好きなものを持ち寄りで。注意事項は良識の範囲内で、全体の味を大きく損なわないものを選ぶこと。こんな当たり前のことをわざわざ言うのはなぜか。

一年生のときの忘年会だった。ワンゲル恒例「闇鍋」なるものを食したときの衝撃。おそらくその年は悪のりが過ぎたのだろう。でないと毎年の恒例行事になっているとは考えにくい。ひと言、ひどかった。

みんなが具材を放り込んで、暗い部屋でグツグツと鍋が煮えている最中から、なんだか怪しげな匂いが漂ってきた。甘ったるい、ぐちゃぐちゃと異質なものが混ざり合った匂い。私は見

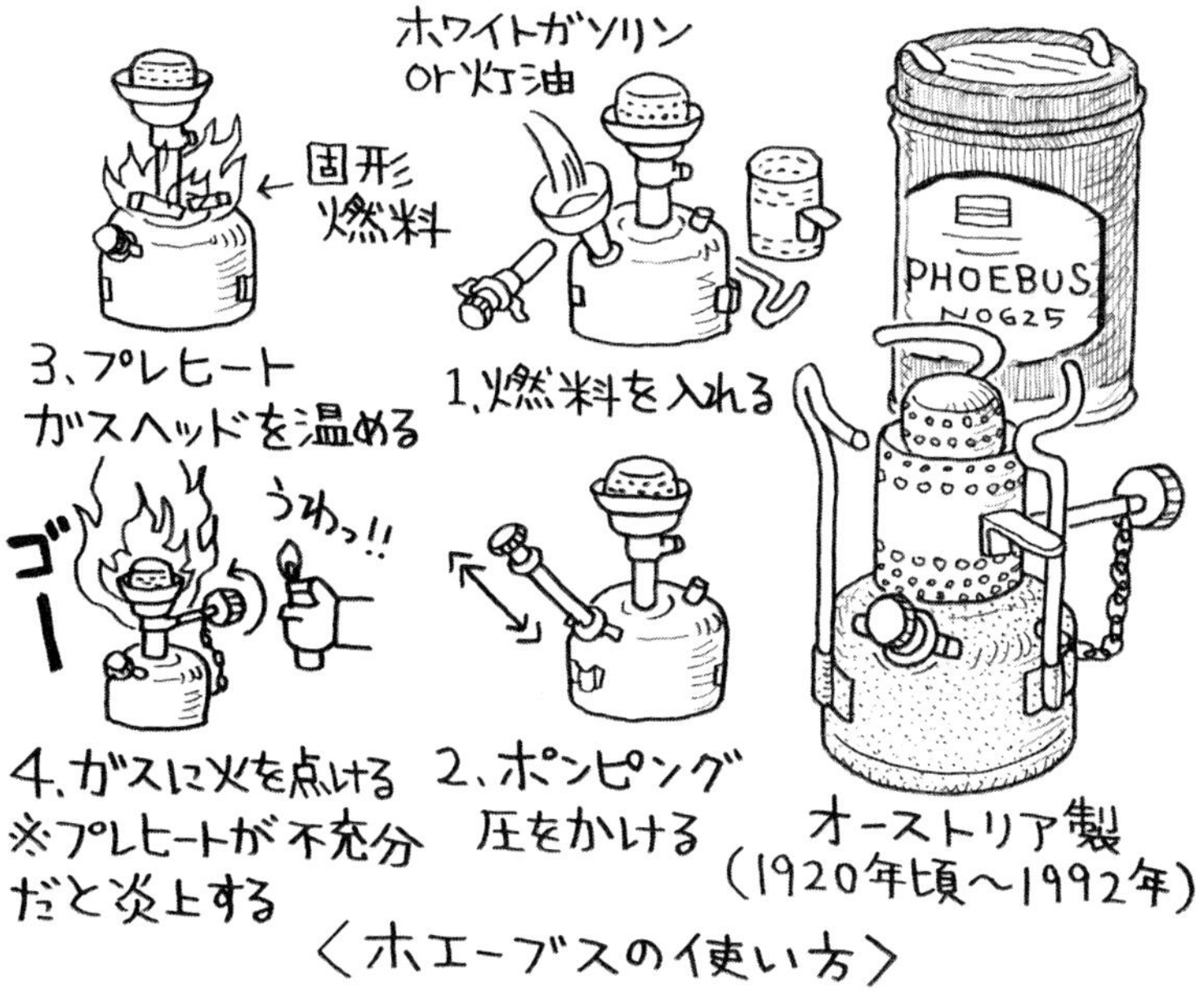

えない何かをやむを得ず口にしたが、少し食べただけで、それ以上箸が進まなかった。

電気を点けてからも、自分の器に何が入っているのかよくわからなかった。汁はドロリとした茶色の液体。主な要因はチョコレートと飴のようだ。そこにモスラの幼虫のような形をした白い塊が入っている。齧ると強めの弾力。これは何か？　どうもトンソクというものらしい。豚の足か、初めて食べた。もうひとつ入っていた塊は、甘くて温かくてぐにゃりとしていた。こちらはあんぽ柿だった。完全に調理の仕方を間違えている。

これはあまりにひどい。食べ物を粗末にしてはいけない。バチが当たる。宴会の場は突如として討議の場と化した。闇鍋反対！

さて、前置きが長くなった。日帰り鍋山行という魅惑的なキャッチフレーズに、参加者は七名といつもより大所帯になった。週末、私たちは鍋を背負い、奥多摩の御前山《ごぜん》へと向かった。奥多摩湖のバス停で降車し、大ブナ尾根から約二時間半で御前山の山頂に着く。さあ、花より団子。人数が七人に膨れ上がったから、鍋も見合ったサイズで用意した。寒空の下、大きな鍋に水を張り、火を点けたホエーブスの上に乗せる。ホエーブス、略してブスとは、キャンプ用コンロの製品名だ。

いつから部で所有しているのか、なにせ年代物のコンロで、手入れはきちんとしているつもりなのだが、調子がよかったり悪かったりと安定しない。一九九二年に製造が中止になってしまったので、交換パーツが残り少ないようだ。そろそろ部でも買い替えを検討している。今日はそのブスの機嫌がよろしくない。

火力を最大にしても、火は弱いまま。気温や水温の低いせいもあるだろうが、三十分たっても鍋の中はぬるいままだ。このままでは永遠に寄せ鍋ができないのでは？　材料を入れても煮えるのか？　皆で額を寄せ合わせてみるが、待つよりほか仕方がない。

とりあえず材料を入れてみてはどうかということになり、豆腐やら白菜やら鶏肉を、各々鍋に放り込んだ。私は奮発して買ったあん肝を投入した。鍋の温度はさらに下がった。

　それから一時間近くが過ぎ、鍋はなんとか食べられる状態になった。というよりも、皆の食欲のほうが待てなくなった。いわゆる低温調理のような雰囲気だが、煮えていそうな野菜からでも食べよう、と意見がまとまった。

　葉物はよし、大根はまだあと少し、鶏肉は中がまだちょっと赤くない？　皆の食欲は止まらない。鍋の量が減ったせいか、心持ち温度も上がってきたような気がする。よし、そろそろあん肝でも。取ろうとしたが、もう少し待ったほうがいいのではとの声が上がった。

　ではと少し待って、火の通っていることを祈りながらあん肝を口にした。あん肝なんてそもそも食べつけていないものだから、煮えているのか煮えていないのかよくわからない。それでも他人が食べているのを見ると、皆、安心するのだろう。次々にあん肝に箸が伸びた。

　やがて鍋も食べ終わった頃。私のお腹がぐるりと鳴った。むむ、これは。そそくさとトイレに立つ。ぐぐぐきゅー。やはりあのあん肝か、どうもお腹を壊したようだ。

　トイレから出ると、入り口に仲間が立っていた。また一人、また一人とトイレに立つ。「やっぱりあのあん肝が」と皆口々に言うものだから、「微妙に赤い鶏肉だって」と反論したくなったが、そんなことはどうでもいい。ああ、お腹が痛い。

屋久島縦走

N
宮之浦
START
白谷雲水峡
新高塚小屋
縄文杉
永田岳
小杉村集落跡
宮之浦岳
鹿之沢小屋
黒味岳
石塚小屋
花之江河
GOAL
湯泊

縄文杉と山の怪

美術予備校に通っていた浪人生のとき、一枚の絵葉書を買ったことがある。ずらりと絵葉書が並んだ棚の中から、うっそうと苔むした森の写真を選んだのは、たぶん自分はこの場所が「好き」なのではないかと思ったからだ。

このとき、私は少し凹んでいた。

先日の講評会で私の絵を見た講師がうーん、と唸り「やまとの絵はよくも悪くもないんだよね。面白くないんだよなぁ」と言ってのけた。たしかに私の絵は、可もなく不可もないかもしれない。しかしだからと言って何をどう直せばいいのか。

「好きなこととかないの？　好きな音楽とか好きな映画とか」。特に何も思いつかなかった。

「絵はね、絵を描いているだけじゃよくならないんだよ。もっと遊んだら？」。真面目で面白みのないやつと言われたようなものだった。途方にくれた。絵を描く以外の「好き」なものを見つければ、描く絵がよくなる？

で、思わず絵葉書を買ってしまったわけだ。その絵葉書の裏面には、YAKUSHIMA［屋久島］と書かれていた。屋久島ってどこだろう？　一九九三年当時、屋久島は世界遺産に登録されたばかりで、私はまだ屋久島が日本のどの辺りにあるのかも知らなかった。

翌年、美大に入学しワンゲルに入った私は、毎年の春合宿が屋久島縦走と聞き、まさかと耳を疑った。屋久島、私の選んだ絵葉書の場所だ。私の見つけたかった「好き」なものと「山」の符号が一致した気がした。こうして、三月、私はワンゲルの仲間総勢八名で、絵葉書の中の世界へと上陸した。

屋久島は鹿児島本土から南へ約六十五キロ離れた海に浮かぶ、周囲約百三十キロ、面積約五百平方キロメートルと、東京二十三区くらいの広さの島だ。最高峰の宮之浦岳《みやのうら》は標高一九三五メートルと高く、南の島とはいえど冬には完全な雪山になる。

私たちは島北部の白谷雲水峡《しらたにうんすいきょう》から縄文杉、永田岳《ながた》、宮之浦岳を経て、南部の湯泊《ゆどまり》まで四泊五日の予定で入山した。屋久島は「一カ月に三十五日雨が降る」といわれているだけあって、山行中もほぼ毎日、雨の日が続いた。この気候こそが屋久杉や湿潤な森を形成していると思えば、雨天もまた屋久島らしくていい。

白谷雲水峡は、宮崎駿監督のアニメ映画『もののけ姫』の森のイメージにもなった場所だ。

水量の豊かな渓流と、苔むした木々が覆いかぶさる緑の森。やがて山中に入り峠を越えると、トロッコ道に出る。かつて伐採した木々を搬出するために敷かれた軌道だ。

このトロッコ道をしばらく歩き、さらに山の奥へと入ったところにあるのが、有名な縄文杉だ。縄文杉は推定樹齢四千～七千二百年ともいわれる、屋久島最大級の屋久杉だ。現在は土壌流出と踏圧防止のためにつくられた高台の上から眺めるようになっているが、当時はまだ木の真下まで歩いて行けた。

樹高約三十メートル、根回り約四十三メートル。口をポカンと開けて下から見上げると、あまりに大きくて視界に収まりきらない。表面はボコボコと木のコブでうねっている。この縄文

時代の火焔《かえん》型土器のような形状から、縄文杉と呼ばれるようになったそうだ。しかしなんて存在感のある屋久杉なんだろう。

ものの形をつくり上げる偉大さは、費やした時間とエネルギーなのではないかと思う。縄文杉をつくり上げた森全体の空間と時間とエネルギー。そして森全体を支えているのは、刹那に生きるものたちの集積だ。そう考えると、ここにいる私も今は森の一部なのだ。私は途中から運んできた土を縄文杉の根元に撒き、木の根を踏まないように注意しながらそこを離れた。

新高塚《しんたかつか》小屋の周辺まで来ると、雪がちらほらとルート上に現れる。この先、永田岳、宮之浦岳は残雪の春山だ。途中、鹿之沢《しかのざわ》小屋で停滞を一日挟み、私たちは山行中唯一の青空の下、宮之浦岳の山頂を踏んだ。

周囲を遮るものは何もない。まさに屋久島のてっぺんだ。眼下にぐるりと原生林を見渡し、その先には海と水平線が広がっている。花崗岩の大岩がゴロゴロと露出した永田岳の山頂が対面に鎮座し、行く手には黒味《くろみ》岳への稜線上の見晴らしのよい登山道が続いている。私はあまりの気持ちよさに空を見上げ、胸いっぱいに島の空気を吸い込んだ。

最終日のこと。あとは森の中をひたすら下るだけだったから、まさか屋久島の森に惑わされるとは思いもしなかった。もしかしたらあの出来事は、妖怪のいたずらだったのかもしれない。

花之江河《はなのえごう》から湯泊へと下る最中のことだった。三番目を歩く人のペースが遅れ、私たちは前の二人と後ろの六人とにグループが別れてしまった。前の二人は途中途中で待ってくれてはいたものの、何度目かのとき、いつまでたっても二人に合流できなかった。

ずっと先まで行ってしまったのかと思いながら歩いていたが、ふと奇妙な感覚にとらわれた。周囲がなんだかさっき見たような景色に感じられる。「ねえ、ここさっきも通ってない？」みんなに聞いたが、まさかという顔をする。そんなはずはないかと思い直すが、やはり何か変だ。

そのうちに別の人も「たしかに通ったような気がする」と言い始め、もしかしたら来た道をいつの間にか戻っているのではないかという気がしてきた。みんな口々に、そんなはずはないとか、でもおかしいと言い合っていたが、間違いなく通ったはずの特徴的な場所に出たとき、全員が呆気にとられた。やはりいつの間にか来た道を戻ってきている。

さすがにくるりと方向転換をし、今来た道を戻り始めた。いったいどこで間違えたのか。足元や周囲に注意を払いながら、先の二人はどうしているかと心配していたら、ずいぶん歩いたところでようやく二人に追いついた。

前の二人は二人で、ずっと待っていたのにみんな来なくて心配したといい、私たちは結局、どこで道を誤り逆戻りしてしまったのかもわからず、なんだかキツネにつままれたような気分だった。

屋久島の民話には、深い山の中では山和郎《やまわろ》とか山姫《やまひめ》といった妖怪が現れたり、神隠しにあう話などが出てくる。いくら人の暮らしが文明的になったとはいえ、屋久島の山奥が昔と大きく変化したわけではない。人には計り知れない不思議な力が働いてもおかしくはないだろう。

さて、私が一枚の絵葉書を買ったのは、単なる偶然だったのか、それとも無意識の必然か、はたまた運命という名の不思議な力が働いたか。山という「好き」なものができた今、あの頃よりは少し面白い絵を描けるようになっただろうか。

第三章

一人の山

西表島横断
N
船浦
START
浦内川
軍艦岩
GOAL
古見
前良川
大原

リュウキュウイノシシの運命

屋久島からの帰り、皆と別れて奄美諸島を周《めぐ》った。島は面白かった。島ごとに自然環境や文化がそれぞれ異なり、独自の雰囲気を持っていた。もっといろいろな島に行ってみたい。翌年の春休み、私は屋久島よりもさらに南に下った琉球列島の先端、八重山諸島の西表《いりおもて》島に降り立った。住み込みで一カ月半、宿の手伝いをする予定だった。

西表島は島の大半が亜熱帯の原生林に覆われた山岳地帯で、三百〜四百メートル級の山々の尾根が重なり合い、複雑な地形を形成している。西表島に登れる山があるのであれば登ってみたい。私は都内の書店で西表島の地形図を入手した。地形図には北西から南東へ横切る点線の道、西表島横断路が走っていた。

西表島での滞在が始まった。日々は掃除と食事の準備や後片付けに追われ、瞬く間に過ぎていった。たまの休みにはカヌーで滝を見に行ったりもしたが、横断路を歩くには二日間の日程が必要だった。私はそろそろ宿から眺める海の景色にも、少々退屈さを感じ始めていた。

働き始めて一カ月もたった頃、私はようやく二日間の休みをいただき、大きなザックを背に浦内川《うらうち》の遊覧ボートに乗り込んだ。河口付近には熱帯・亜熱帯の汽水域特有の植物、マングローブの森が発達している。タコ足のような支柱根や、地面からニョキニョキ突き出る呼吸根を眺めていると、自分のなかの日本という国のイメージが更新されていくのを感じる。

遊覧ボートが川を遡るにつれ、周囲の緑は濃く高く密になり、私の小さな冒険心に一抹の不安を生じさせた。そういえば一人で山を歩くなんて初めてだな。やがてボートは終点の軍艦岩に到着した。

私は荷物を背負い、浦内川沿いの道を歩き始めた。しばらく歩くと二つの大きな滝に出合う。一般の観光客は歩くとしてもここまでだ。私は不安な気持ちを背に、そのまま上流へと向かった。茶色い砂岩質の川床には、礫が水流により回り続けて掘られたポットホールがいくつも並び、水のたまった黒い窪みが、久しぶりの闖入者をギョロリと見上げている。

川沿いを二、三百メートル進んだところで、道は山の中に入る。五万分の一スケールの地形図ではほぼ等高線沿いの道なのだが、小さなアップダウンがひたすら続き、そのたびに小さな沢を越え、思ったようにスピードが上がらなかった。途中大きめの沢で膝上の徒渉を前に躊躇したが、ここが道のはずなのだからと思い直し、靴を抱えてザブザブと渡った。

山中に入ってからというもの、景色が開けることは一度たりともなかった。暗くうっそうと茂るジャングル。どこまでも続く似たような風景。これはもう私の思っていた山ではない。私はじっとりと嫌な汗をかいた。

突然、ガサガサガサッと足元で長い生き物が動き、ざわざわと山の斜面に逃げていった。ハブ？　思わず私は立ちすくんだ。西表島には無毒のヘビ以外に、サキシマハブという毒ヘビが生息する。奄美大島や沖縄本島のハブに比べると毒性は弱いが、咬まれると危険だ。

初めての環境に疲弊した一日だった。思ったように行程をこなせなかった私は、予定していたよりも少し手前でテントを張り、中に潜り込んだ。夜になると暗闇のなかから、今までに聞いたことのない数多の生き物の鳴き声が、ジャングルに響いた。意外に気が小さいんだな、私。不安と怖さであまりよく眠れない一夜を過ごした。

二日目、午前中のうちに分岐路に出る。ひとつは東に向かって古見《こみ》集落へ抜ける道。もうひとつは南に下り、途中から林道を南東方面に下って大原《おおはら》集落へ抜ける道。分岐の看板には、古見集落への道は台風の影響により荒れている、との注意書きがあった。

運命の分かれ道とはこういうときのことをいうのだろう。当初、古見集落へ抜ける予定だった私は、地図を眺め再考した。大原集落へは、半分以上が林道歩きになってしまうからな。や

はり私は古見集落へ抜けよう、と地図をたたんだ。倒木を乗り越え、私はジャングルの中を進んだ。

台風の影響で人があまり入っていないらしく、踏み跡は所々不明瞭になった。道を間違えては引き返すことが度々あった。踏み跡を懸命にたどりながら歩いていると、前方からブッブッブッと異様な威嚇音が聞こえてくるのに気づいた。ハッと思い顔を上げた。

前方のぬた場にリュウキュウイノシシが三頭、頭を下げ、ブッブッブッと首を左右に振りながら、こちらの様子をうかがっている。私の頭に危険信号が点滅した。いや、でもそこ登山道なんですけど。小さく口にしたが、イノシシが動く気配はない。仕方なしにそろりそろりと後ずさりをする。

　そのうちいなくなるだろう。後方に戻ってしばらく時間をつぶしたのち、そっと戻り、イノシシのいなくなったぬた場を急いで通り抜けた。急がなくちゃ。今日も思ったよりも前に進んでいない。ところが最後にピンクのビニールテープの目印を確認したあと、その先の道がどうにもわからなくなってしまった。もうあと少しのはずなのに。

　分岐から古見集落まで三分の二の辺りまで来ているはずだった。この時点で戻るという選択肢はなく、私はザックを置いて道を探した。バラバラに踏まれた足跡をひとつひとつたどってみるが、どれもそのうち消えてしまう。どうしたことだろう。時間はあっという間に過ぎていき、やがてジャングルは夕闇に包まれた。私はこの日の下山をあきらめた。

　下山予定日に下りれず、宿の人が心配しているだろうな。お腹が空いていた。食料の予備は持ってきていなかった。しょぼしょぼと雨が降り始めたようだ。テントの下が温かいのか、ガサガサとヘビが音を立てて潜り込んできて、思わず飛び退いた。落ち着かれると困るのでテントの底を叩いたら、慌てて出ていったようだ。精神的にも少し疲れていた。

　三日目、雨のなかで再び道探しを始めた。この先、道は古見集落に注ぐ前良《まいら》川沿いになるから、沢を適当に下れば道に出られそうなんだけど。私は沢型をたどり、下降を試みることにした。そのうちに水が流れ始め斜度も増してきたので、私は隣の斜面に取り付き下降を続けた。次第に斜面が急になり、私は思わず近くの立ち木をつかんだ。腕よりも太い立ち木は、バリバリと音を立てて崩れた。危ない。雪の重みに耐えうる本土の木々に比べ、南国の土壌は軟らかいのだろうか。怖くなった。とうとう落差のある斜面の上に出たとき、私はもうこれ以上は進めないと思ってしまった。地形も読めない、あまりに山の初心者だった。

一日を無駄に過ごしてしまった。大変だけど、やっぱり大原集落への分岐まで戻ればよかった。明日は戻ろう。空腹の体を抱えテントの中を見回すと、なぜか尺取虫があちこちで蠢《うごめ》いているのに気づいた。なぜこんなに尺取虫がたくさんいるのだろう?

ふと自分の腕を見てようやく納得がいった。ヒルだ。ヒルって血を吸う前はこんな尺取虫みたいな形なんだ。見ればふくらはぎにもヒルは吸い付いて、これでもかというくらいパンパンに膨れ上がっている。気持ち悪い。私はテントの中を這い回るヒルをしらみつぶしに探した。吸い付いたヒルを潰すと、自分の血がパシャリとはぜた。

四日目、朝から雨。疲れているのかな。私は寝坊をした。ノロノロと寝袋を片付け、今日は分岐まで戻ろうと思っていると、外からオーイ、オーイと人の呼ぶ声に気づいた。あっ、誰かが探しに来てくれた。テントから顔を出すと、「いたぞ！　いたぞ！」と男の人たちが集まってきた。「大丈夫か?」。私は言葉に詰まり、涙だけがこぼれ落ちた。

私が怪我もせず無事なことを知り、皆、安堵の表情をした。怒る人は誰一人いなかった。「お腹が空いただろう」おじさんが自分のものと思われる弁当を取り出したが、申し訳なくて手を出すことができなかった。おじさんは弁当のふたを開け、私に箸を持たせた。「すみません。ありがとうございます」。この状況でムシャムシャ弁当を食べるのは居たたまれぬ思いがしたが、お腹が空いていたので食べた。

正しい道はもう少し手前にあった。大きなクワズイモの葉に覆われて気づかなかったのだ。最後にあったピンクテープはどうやら誰かが間違って付けてしまったものらしい。私は皆に連れられて山道を下った。大きなザックは自分の荷物だから持つと言ったけれど、男の人たちが持ってくれた。十五分も歩くと前良川に出た。小型ボートが三隻係留されていた。

私は一艘のボートに乗せられた。「ワナにかかってた」と男の人たちが笑っていた。見ると隣のボートには大きなリュウキュウイノシシが二頭、口と足を縛られて横たわっていた。目がギラギラと血走っていた。私はぬた場にいたイノシシを思い出した。あのときのイノシシだろうか。一歩間違えれば私もあのイノシシの代わりに横たわっていたかもしれず、なんとも言えぬ憐れな気持ちになった。

ボートはあっという間に私を古見集落まで運んだ。聞けば母が港に着いていているという。両親には黙って西表島まで来ていたが、八重山警察署から連絡が入ったらしい。怒られるなぁ。

島の人に連れられてきた母は、私の顔を見るなり「バカ！」と言って泣いた。普段は口うるさい母なのに、「よかった、心配した」と泣くばかりでひとつも怒らなかった。疲労と安堵を浮かべた母の泣き顔を見ていたら、なんだか自分が情けなくなり、私も少し泣いた。

さて、ワナにかかったイノシシはというと、その晩の集会に供され、皆で美味しくいただいた。私の身代わりになってくれたのかもしれない。どうか成仏してください。

暗い寒い
お腹が空いた
西表島で遭難事故を起こした私は、猛烈に反省した
ギャー
一人でもきちんと山に登れるようになりたい
的確な判断を下すための知識、体力、経験。不安にならないようにするには？
生と死の分岐点
不安になる要素ってなんだろう？
暗い
どうしよう…
寒い
大丈夫かなあ
お腹が空いた
これだけ…
…。
食料

早速トレーニングに出かけよう!!
ブロロロロロ・
パチン
ピカッ
最終バスを降り、山道を歩き始めた
暗い山道に慣れるのだ
ライトがあれば怖くないもん
ガサガサガサガサッ
ドキン
ピーッ
ザザザー
ピーッ
シカさーん
ドキ
ドキ ドキ
びっくりするなあ、もう

ん？
くん　くん
獣臭い
絶対何かいた…
もしや…
クマ？
いや、しかし獣より何よりも
一番怖いのって人間じゃない？
変質者とか
幽霊とか？
考えると怖いよ〜
避難小屋着いた〜〜
ガラ　ガラ　ガラッ!!
ビクッ
一人なの？
こんな遅くに？
すみません
ホッ
やっぱり夜一人で山道を歩くのは怖いからやめよう…

モグラトンネルを抜けて

一人でもきちんと山を歩けるようになりたい。西表島の遭難事故以来、時折私は一人で山に登るようになった。日帰りの低山から一泊二日、二泊三日と山行を重ねた。二十代前半という年齢的なものもあったのだろう。山を歩きながらことあるたびに思うのは、強くなりたい、という自分自身に対する気持ちだった。

才能あふれた美大生たちのなかで、自分の実力のなさが嫌いだった。かといって努力をするわけでもなく、学業にも身を入れない自分が情けなかった。体力をつければ精神力も強くなるのではないか。山にもきちんと一人で登れるようになるのではないか。絵にも向かい合うことができるのではないか。

いつか言われたことがある。そのときにしか描けない絵というものがある。下手くそでもいいから、一枚一枚描ききれ。当時の私もまた、そのときにしか登れない山に登っていたのだと思う。山は変わらなくとも、年齢や周りの状況が変われば、一人の人間にとっての山が持つ意味合いも変わる。

東京近郊の山では、谷川岳《たにがわ》に惹かれていた。山容も素晴らしいが、山岳小説の舞台に登場したりと憧れがあったのだろう。谷川岳は群馬県と新潟県の県境にあり、日本海と太平洋との分水嶺になっている。標高一九七七メートル。東面の一《いち》ノ倉《くら》沢は岩登りでよく知られる岩壁で、剱岳、穂高と並び日本三大岩壁と呼ばれている。

ＪＲ高崎線からＪＲ上越線に乗り換え、水上駅からさらに長岡行きの列車へと乗り継ぐ。やがて下り列車は、三国《みくに》山脈を貫く新清水トンネルに入る。窓に映し出されたザックに寄りかかったぼんやりとした顔。私はなんだか男の子みたいでちっとも可愛くない、と思った。

トンネルの途中にある駅、土合駅にて降車。地上からの深さは約七十メートル、改札口へと続く直線の階段は四百六十二段あり、出口が霞むほどに遠い。ここがモグラ駅と呼ばれる所以だ。エレベーターもエスカレーターもないので、寒々しい光を落とす電灯の下、ザックを背負ってとぼとぼ登るしかない。

十分ほどで地上の無人改札口を抜け、私は待合室に荷物を下ろした。今日の下り最終列車だったので、これ以上乗客が降りてくることはない。待合室にマットを敷いて寝袋を広げ、中に潜り込んで横になる。周囲にもちらほらと登山者が床に転がっている。

晴天の西黒《にしくろ》尾根は五月の半ばというのに、太陽がジリジリと体中に照りつけ、喉の奥まで暑さがへばりついてくる。もっと水を持ってくればよかった。水筒の水を含んで口の中でしばらく転がす。ひたすらの急登。西黒尾根は烏帽子《えぼし》岳のブナ立尾根、甲斐駒《かいこま》ヶ岳の黒戸《くろと》尾根と並び、日本三大急登のひとつに数えられる。

トマノ耳、オキノ耳と呼ばれる谷川岳の双耳峰《そうじほう》には、ロープウェイのある天神《てんじん》尾根から上がってくるのだろう。軽装姿の日帰り登山者で賑わっていた。一人でいると感じないのに、周りに人がたくさんいると、かえって寂しく感じてしまうのが人間というものだろうか。

谷川岳頂上を往復し、肩ノ小屋避難小屋より先、谷川連峰の主稜線に向かうのは私以外に見

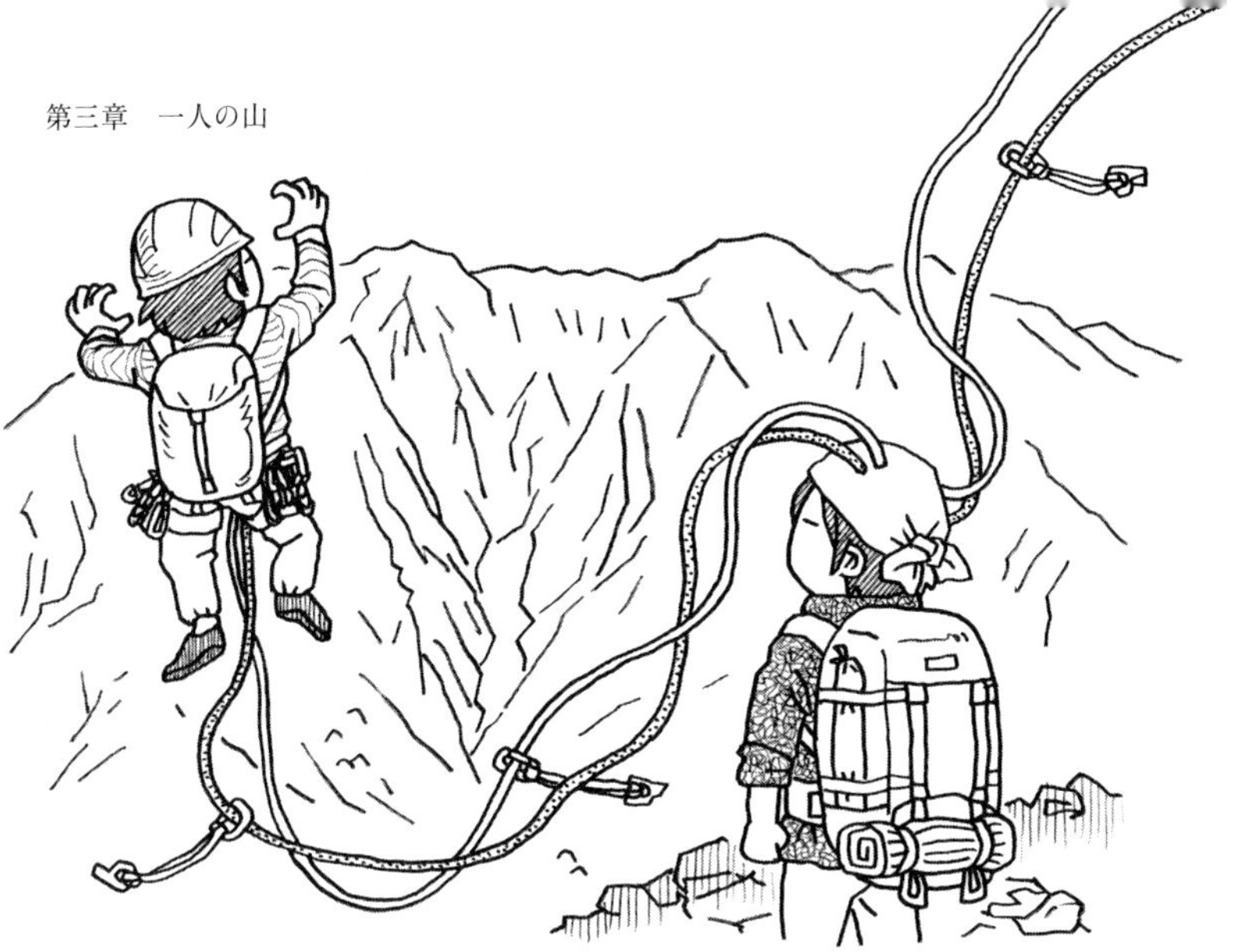

当たらなかった。先の稜線上にも人影は見えない。皆、西黒尾根か天神尾根から下るのだろう。山を独り占めしたような得した気分とは裏腹に、不安感が増していく。

皆で歩いているときは大して気にもならない岩場でも、一人で歩くと緊張するものだ。オジカ沢ノ頭手前のヤセ尾根を、転んで落ちないよう慎重に通過した。

泊まる予定だった大障子《だいしょうじ》避難小屋は、扉を開ける前からなんだか嫌な感じがしていた。おそらく一人で緊張しながら歩いてきて、神経質になっていたのだろう。バタン、と扉を開けた瞬間、中にいた四人ばかりの登山者が一斉にこちらに顔を向けたような気がした。私は慌てて扉を閉めた。何かの見間違いだ。不安な気持ちが暗がりに映像を投影したのだ。

ソロソロともう一度扉を開けると、誰もいない。当たり前だ。たったそれだけのことにすっかり気の小さくなってしまった私は、今夜とても一人でここに泊まれない、と怖気づいてしまった。ちっとも強くなんかなれない。

しばし思案ののち、私は時計を眺め、これから万太郎《まんたろう》山を越えて越路《こしじ》避難小屋まで向かうことに決めた。こちらは前の年に新築された新しい避難小屋らしい。私はザックを背負い直し歩きだした。大障子ノ頭を越えて万太郎山に登り、越路避難小屋に向かって小走りに駆け降りる頃には、背後から茜色の夕暮れが空全体を包み始めていた。

あの頃、私は一人で山を歩くことによって、日常のなかで不明瞭になっていく不安定な自己の形を、他者の入り込まない対自然、対自分という状況のなかで整え直そうとしていたのかもしれない。強さとはなんだろう、そんなことをよく考えながら歩いていた。揺らぎなき二本の足が欲しかった。

結局のところ一人で山に登ったからといって、強くなれるわけでも、何かが劇的に変わるわけでもなかった。山も絵も続けることでしかその先は見えてこないのだろう。長いトンネルを抜けた先は、すぐにまた次の長いトンネルだ。歩き続けるしかない。

それにしてもさて、私はいったいどこに向かって歩いているのか。

旅と山と絵と

山下清という放浪画家がいる。緻密で色彩豊かな貼り絵やペン画を制作した昭和の画家だ。その山下清をモデルにしたフィクションドラマ『裸の大将放浪記』が子どもの頃のお気に入り番組だった。芦屋雁之助の演ずる山下清が全国を放浪して絵を描き、笑いと涙の人情ドラマを繰り広げる。最後にいつも「山下先生～！」と追いかけられて、慌てて逃げ出す姿が笑いを誘った。

ダ・カーポの主題歌もよかった。♪野に咲く花のように風に吹かれて～野に咲く花のように人を和やかにして～そんな風に僕たちも生きてゆけたら素晴らしい♪。気の向くままに旅をして、絵を描いて、人と触れ合い、おにぎりを頬張りながら自然のなかをテクテクと歩いていく。

そもそも私は子どもの頃からノマド気質だったらしい。NHKの「シルクロード」を観ればシルクロードに、毎日放送の「野生の王国」を観ればアフリカに行ってみたいと真面目に考え

 JASRAC出　2104353-101

ていた。その場所が地球のどこにあるのかまだよくわからなかったけれど、いつか行ってみようというイメージだけは子供心に積もっていった。

そんなわけで、どこか遠いところに行きたいとか、世界中を絵を描きながら旅したいと思うようになったのは、ごく自然の成り行きだったと思う。ほかにどうも思い当たる理由が見当たらない。三つ子の魂百までとはよくいったものだ。

私が山にはまったのも、山は旅に似ているからかもしれない。まず登る山に対するイメージと憧れがあり、実際にその山に登ってみて、想像もしていなかった現実に驚いたり感動したり喘《あえ》いだりしながら、頂上という目的に向かっていく。

あくまで似ているのは旅行ではなく旅。私にとって旅行は、比較的詳細な計画を立てて遂行するといった印象だ。旅はというと、大まかな計画と目的のもと、偶然性に任せながら進行していく。人生の旅とはいうけれど、人生の旅行とはいわないようなものだ。

だから旅に出る前には、行き先のことをあまり詳細に調べすぎないほうがいい。旅も細かい計画を立ててしまうと、目の前のことよりも情報に引きずられ、自分なりの形を探す邪魔になってしまう。大切なのは最初のイメージ。行く前に完成形をつくりすぎないこと。

これは私が絵を描くときにも似ている。絵も最初のイメージが大切だ。描きながらイメージが膨らんでいったり、最初のイメージと違うことに気づいたり、その変化に驚いたり苦心する過程が面白い。そのほうが自分の想像を超えた幅のある絵ができる。むろん想像を超えてダメになる可能性も大いにあるのだが……。

国内は学生の頃からあちこちと旅をしていた。だがいつかは海外へ、アフリカを旅してみたいと思っていた。なぜなら私のイメージのなかでアフリカが一番遠いところだったからだ。距離も遠いし、具体的なイメージを持ちにくいという意味でも遠い。新しい文化や価値観に出合えそうな気がするし、自分の持つつまらない固定観念を突き崩してくれそうだ。

いつかは行くと決めてはいたものの、実際にアフリカ行きの飛行機チケットを買うときには「本

当に行くのかな？　なんで行くのかよくわからない」と正直思った。チケット代を支払ってから改めて、やっぱり本当に行くんだな、ということだけは理解できた。

その後は黄熱病、A型肝炎、B型肝炎、狂犬病、日本脳炎と、思いつくすべての予防接種を受けた。決して安くはない料金で二回、三回と接種を受けねばならず、注射器から腕に万札が吸い込まれていくような気分だった。顔見知りになった看護師さんが「どこに行くの？」と軽い好奇心の面持ちで私に尋ねた。

さすがに西表島のときのように家族に黙って行くわけにはいかない。私は実家に帰省した際に、半年アフリカに行ってくることを告げた。兄は「なんでアフリカなんかに行くの？」と呆れたようなわからないような顔をしたが、反対すると思っていた母は意外にも「けいこちゃんはどうしても行かなくちゃいけないのね」とポソリと言っただけだった。

どうも西表島の一件以来、母は変わったようだ。この子は私がやってはいけないと言おうがなんだろうが、やりたいことはやってしまう。だから反対しても仕方がない。とにかく体にだけは気をつけて。そんな心境になってしまったらしい。こちらとしてはありがたいような、申し訳ないような、なんだかいたたまれない気持ちになってしまった。

その年は長期の山小屋アルバイトでお金を稼ぎ、給料の百万円すべてをUSドルに換え、ポ

裸の大将～アフリカ編～

楽しかったTofoに別れを告げ、マラウイに向かいます。今日の目的地は、中継地Chimoioです。

ねー いつ出発するのー?

カシューナッツ食うか?

しゅなくって・・・

10時過ぎにようやくバスは出発します。長距離移動なので、Chimoioに着くのは夜になってしまうのではと、一抹の不安を感じます。

まあ、でも心配してもどうにもならないし
夜になって警官にストップをかけられ、いきなりでかい銃を持ったアーミーが荷物検査を始め、ちょっとビビります。

でもポルトガル語だからわからない
案の定、日が暮れます。

出発するのが遅すぎるんだよー
ポコポコバスは、ときにボコボコ穴の開いた道路を走ります。

内戦の足あとかなあ…

なんとモザンビークのバスは、朝4:00～夜9:00までしか走っちゃいけないみたいです。

Sleep!!, finish!!

聞いてないよー
えぇ～マジで～!

バスの中は暑くて眠れません。みんな地べたに転がって寝ます。

とにかく移動は疲れます。今日もハイエースに24人と、記録を更新しました。

もうどこでも寝れる
私はバスの上で寝ることにしました。空は満天の星です。

ケットにねじ込んで飛行機に乗り込んだ。カメラも携帯電話も持っていかなかった。スケッチブックを抱え、私は「裸の大将～アフリカ編～」の主人公になった。旅は面白くも不安だらけの毎日で、のんびりとおにぎりを頬張るような気分になるには時間がかかった。

その後も山小屋で働いてお金を貯めては海外に旅に出た。だが何年かするとそれも収まってきたようだ。まだまだ行きたいところはあったが、仕事も忙しくなってきたし、旅から再び山に気持ちが戻り始めていた。体が三つくらいあればいいのに、とその頃は思っていた。

旅と山と絵と。私はたいていこの三つのうちのどこかで生きている。旅は旅だけではなく読書や勉強など知識の旅も含み、山は登山だけではなく山小屋の仕事も含む。絵は造形物の制作や文章を書いたりと物づくり全般だ。

旅と山と絵は、私に大切なことを教えてくれた。「野に咲く花のように」自らの生命を生きながら世界と関わり合うこと。人と関わり合うこと。私はこの世界に揺れるたくさんの野の花に触れ、生きる強さと悲しさを知ることができた。

おそらく私は、親孝行と親不孝のちょうど真ん中くらいでバランスを取っていると思う。というか思いたい。だから母へ、この先もっと驚くことがあるかもしれないけれど、どうかこれからも温かい目で見守ってください。

第四章

源流に大イワナを求めて

鈴蘭と沢登り

「源流に行くと潜水艦みたいなイワナがいるんだ」。釣りの師匠の言葉だった。美大に入ってワンゲルで登山を始めると同時に、ＯＢから渓流釣りも教わった。登山だけではなく渓流釣りにもはまった私は、いつか源流に行ってみたいものだと思うようになった。

卒業と同時に私は、沢登りと山スキーの山行を中心とした社会人山岳会に入会した。会の名称は可愛らしく「鈴蘭山の会」だったが、会員は一癖も二癖もある屈強なおじさま、おばさまのそろう山岳会だった。

沢登りとは、谷筋に沿って山に登る登山の方法で、整備された登山道が用意されているわけではない。基本は沢の流れのすぐ横や水の中をジャブジャブと歩く。滝が出てきたらそのまま登るか、登れない滝だったら脇の斜面を登って越える。源頭に近づくと沢の水も枯れるので、最後は繁茂する藪をかき分けながら進み、稜線もしくは山頂に至る。

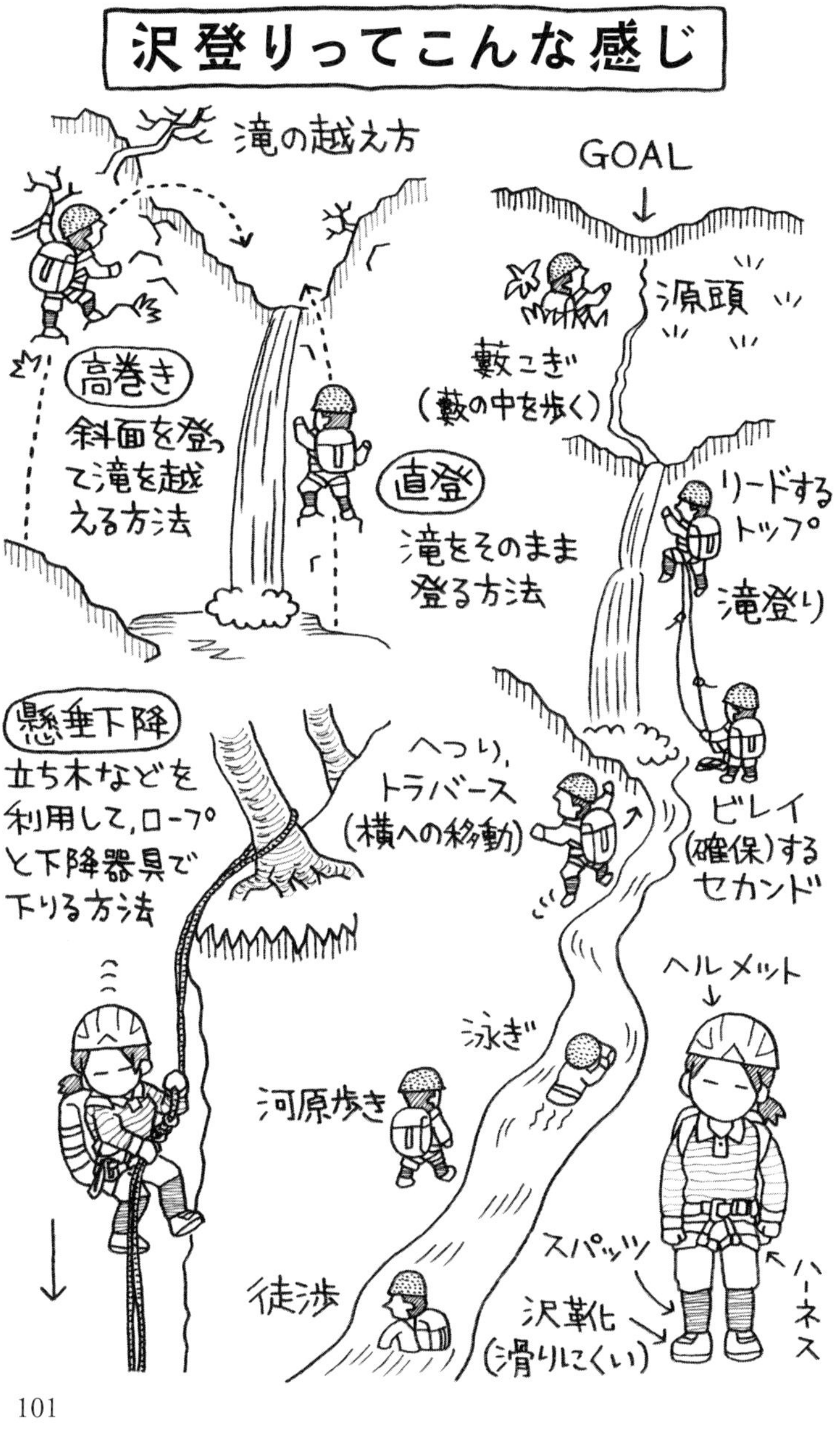
沢登りってこんな感じ
滝の越え方
高巻き
斜面を登って滝を越える方法
直登
滝をそのまま登る方法
GOAL
源頭
薮こぎ
(薮の中を歩く)
リードするトップ
滝登り
ビレイ
(確保)するセカンド
へつり,
トラバース
(横への移動)
懸垂下降
立ち木などを利用して,ロープと下降器具で下りる方法
泳ぎ
河原歩き
徒渉
ヘルメット
スパッツ
ハーネス
沢靴
(滑りにくい)

沢登りを始めるにあたって、私は鈴蘭の先輩たちからロープの扱い方を教わった。沢で滝を登ったりするような危ない個所では、万が一落ちたときに致命傷にならないよう、ロープを体につないで登ることになる。その練習だ。

週末になると岩登りができる岩場に連れていってもらい、ロープを使って岩を登り降りする練習をした。私は昔から親にも「バカと煙は高いところが好き」とからかわれるくらい、高いところが好きだった。普通ではあり得ない高さの崖の上で、ロープ一本に支えられて小さな足場に立ち、目の前に広がる風景や、足元に見える豆粒のような人間を見るのは楽しかった。

私はすっかり沢登りにのめり込んだ。もともと泳ぐのは好きで、水も大好きだった。山の中の水があるところには、生命力があふれている。稜線の厳しい環境のなかで健気に生きる動物や植物と違い、人間などいとも簡単に呑み込んでしまうくらいの生命力だ。

その生命力から受ける恩恵もある。山菜やキノコなど、子どもの頃から街中で暮らすことの多かった私にとって、栽培をしているわけでもないのに、地面から食べ物が生えているということは、まさに驚きだった。採れば生命をいただいているなと思うし、食べれば生命は生命によって生かされているのだなと実感する。

動物もいろいろ遭遇するが、ツキノワグマには何度か出合った。たいていは向こうが驚いて

沢登り・生活技術編
〈焚き火で煮炊きする〉※火の始末はしっかりと!!
S字環や
細い針金が便利
骨酒用の
イワナは
遠火で
ゆっくり
使う分の
焚き木は
準備する
火の粉が飛ぶと穴が開く
〈寝場所の設営〉
増水しても水が
こない場所を選ぶ
〈山の幸をいただく〉
わからない
ものは食べ
ない
?
コゴミ
ウド
イワナは
捕りすぎない
リリースを
覚える

逃げていってしまうのだが、こちらに興味津々で、しばらく遠巻きについて来たクマもいた。いなくなったと思ったら、木の上に登ってこちらを観察したりして、クマにも私みたいに好奇心旺盛な子がいるのだな、と可笑しくなった。

そして潜水艦みたいなイワナ。そもそも潜水艦みたい、ってどのくらいの大きさなのか、確認するのを忘れていた。尺上イワナと呼ばれる三〇センチを超える魚体はたまに釣れることがあるが、四〇センチも五〇センチも超えるようなイワナには、いまだお目にかかれたことがない。昔は大イワナもたくさんいたらしいが、ほとんどが釣られてしまったのだろう。

昔の雑誌を読むとイワナがウジャウジャいたはずの渓流も、今ではすっかり魚の数が減ってしまった。どんなに生命力あふれる自然でも、人間が入ることによって受けるダメージはあまりにも大きい。謙虚にならねば。自然からはたくさんのことを教えられる。

沢に泊まるのも、沢登りの楽しみのひとつだ。テントは持ち歩かず、代わりに雨よけのタープ、ナイロン製の布やブルーシートを張って、その下で寝る。沢登りのシーズンは初夏から秋にかけてがメインで、稜線のように風が吹き荒れたりすることもないので、これで事足りる。

煮炊きも非常用にはガスとコンロを持っていくが、たいていは沢周辺の薪を拾い集めて、河原で焚き火をして調理する。ご飯も焚き火を眺めながら食べるので、自分のなかの原始本能のような部分が呼び起こされ、不思議な安心感に包まれる。

沢に入り谷の地形を見るようになると、山全体が以前よりも立体的に感じられるようになる。私は今まで山の地形を尾根筋や稜線で眺めていたのだと気づいた。山は山と谷からできている。そんな当たり前のことでも、実感してみると新たな発見をしたように感じる。

沢を歩き、滝を登り、沢の水を飲み、山の恵みを分けていただき、炎を眺め、藪をかき分け、稜線に至る。沢登りは山の生活と登山が組み合わさった遊びだ。沢登りは私に、様々な発見と山の世界を開いてくれた。

ぐるん
熱湯かけた…
思わず風呂場で
ジャーッ
キャー
うぎゃー
ヒルがついてた→

藪こぎ大好き

藪こぎが好きだ。嫌いだけど好きだ。藪こぎとは沢登りの最中、主に源頭部の詰めが多いのだが、藪をかき分けかき分け進むことをいう。山の植生にもよるが、藪が濃いとまるで草と低木の中を、アップアップと泳いでいくような感覚になる。

藪こぎのなかでもよくあるのが、クマザサの藪だ。クマザサは山地に生育する大型のササ類で、背丈を超える高さにもなる。前で藪をこぐ人のスピードについていけないと、あっという間に姿を見失ってしまうし、後ろを絶妙な間隔でついていけると、クマザサをかき分ける手間が少し省ける。

藪こぎも熟達者になると、必要最低限の力で泳ぐように前に進んでいく。慣れないうちは足元を藪にからめ捕られ、ジタバタと体力を消耗していく。ただ前に進もうとしてもうまくいかない。藪をかき分けた足元にスルリと体を滑り込ませ、なるたけ歩きやすそうな、藪の薄いところをねらって歩く。つかんだ藪に頼りすぎると、今度は腕力が尽きる。

そもそも鈴蘭山の会に入会した最初の山行が、藪こぎ山行のような沢登りだった。マイナーな山域だったので情報も少なく、想定外の藪こぎではあった。沢を登り詰めて稜線を歩き、下降する沢にたどり着くまで、延々五時間半もの藪こぎを強いられた。ここもやはり背丈を超えるクマザサの海原だった。

私は入会したての新人だったから、沢登りってこんな感じなのか?と思ったが、不平を漏らすわけはいかなかった。とにかくついていくだけで必死だった。頭のなかでは「若者たち」の歌がグルグルと回っていた。♪君の行く道は果てしなく遠い〜だのになぜ歯を食いしばり〜君は行くのかそんなにしてまで♪。藪はどこまでも続くように思われた。

藪にはこいだ数だけ物語がある。最近つらかった藪は北アルプス黒部源流の祖母《ばあ》沢で、ハイマツの藪だった。ハイマツは高山帯に地を這うようにして生えている低木のマツで、立ち向かえども立ち向かえども跳ね返され、始末におえない。その日私は、午前中に黒部川本流で釣りをしながら祖母沢との出合まで行き、祖母沢経由で雲《くも》ノ平《だいら》に上がろうと思っていた。

地図で見るとそもそも祖母沢は、沢登りに適しているようには思えなかった。なぜなら沢型が稜線近くまで明瞭に残っていない。すなわち沢がぼんやりと山中に消えて、稜線までの藪こ

JASRAC出　2104353-101

ぎが想定されたからだ。登ったことがあるという情報もなかった。行ってみるしかない。

祖母沢との出合で釣り竿をたたみ、ケースに入れてザックの横に差した。反対側には飲みかけのペットボトルを入れて出発。小さくて狭い沢だが、それなりに小さい滝と淵がある。一度だけ滝を登るときに滝壺で、腰の上までどっぷりと水の中に浸かった。

冷たーい、と叫んだときに「ドポン」という音がして、一瞬なんだろうとは思ったが、構わず滝に取り付いた。あとから思えば、そのときにペットボトルがザックから抜け落ちたのだ。滝を登ることに集中していたので、後ろは振り返らなかった。

想像していた通り、沢は山中半ばで藪に覆われ始めた。始めのほうこそ藪をくぐるようにして沢型をたどっていたが、ザックや竿ケースが引っかかり、どうにもならない。とうとう沢型の上へと追いやられた。だがまだそれほど困難な藪ではなかった。

やがて一面ハイマツの大斜面になった。このハイマツ帯を越えるのが至難の業だった。藪をこぐというよりも、乗り越えるといった感じだ。半分木登り状態。あいかわらずザックと竿ケースは引っかかるし、手には松ヤニが付くし、しかもちっとも前に進まない。非常にまずい。

さすがに少し休憩して行動食と水分を補給しようと、私は安定した場所でザックを下ろした。あれ、ない。お茶を入れたペットボトルがない。このとき私はようやく「ドポン」という音の

潜水艦イワナを求めて
盛夏につきものなのが、吸血性のアブ
奥会津の沢に来たよ
イヨシロオビアブ
血ィ吸うたろか〜
清流に生息
通称、メジロアブ、オロロ、ウルル、コシジロアブ…
防虫ネットは必須
潜水艦きた?!
トイレの際が一番無防備になる
チクッ
ギャ
チクッ
ギャ
日が暮れるとアブの姿も消える
いなくなったね
翌朝目覚めると、顔の上に蚊柱が…
モ〜ン
100カ所以上刺された
クチビルはれた
イワナの多いところには、虫も多いね!!
最後はシャクナゲの猛烈な藪こぎ
うお〜〜

意味に気づいた。すでに時遅し。ほかに持っている水分は、缶チューハイ一本だけだった。飲むか？　喉の渇きに耐えられない。いや、しかし。私は頭をフル回転させた。この調子で万が一、雲ノ平山荘までたどり着けずに山中で夜を明かす羽目になったら？　私は缶チューハイをそっとザックの中に戻した。

斜面のハイマツは、上から私を押さえつけるようにして抵抗してくる。私はできる限りハイマツを避けるようにして、樹林の藪をかき分けながら登った。荷物は軽いが心は重たい。喉が渇いてたまらない。あと稜線まで百メートルくらいか。

夕暮れ間際、祖母岳の山頂に抜けた。久しぶりに体を酷使した藪こぎだった。行程時間も甘く見ていたし、体力も落ちていた。山をなめるとこうなるよね、と反省しきり。

しかしなぜそんな思いまでして藪こぎが好きなのかというと、いや、嫌いなのだが、藪は生命力の塊なのだ。強烈な藪ほど、植物の生命がこれでもかというくらいにはびこり、私を唸らせる。その生命力に圧倒され、登山道にはない魅力を感じてしまうのだ。

藪こぎが嫌いという人も、思い当たる節があるのではないだろうか。実は嫌だと思いながらも、藪に惹かれる自分の姿が垣間見えてはこないだろうか。

イワナと命拾い

　両岸の狭まった暗い大きな淵だった。滝壺から流れ出る水が渦巻き、苔むした岩のわきをゆっくりと流れるあの辺り、きっと大きなイワナがいるはずだ。私は息をひそめて近づき、狙いを定めて慎重に竿を振った。餌は滝壺の横にポトンと落ち、水の流れに乗ってスーッと流れていく。くるか、くるか、きたっ！

　私は竿を立て、イワナの上アゴに針をかけた。大きい、やった！　力んだ私は思わずそのままの勢いで竿を持ち上げた。イワナの半身が空中に躍り出る。あ、まずい。瞬間イワナと視線が合ったような気がした。イワナはギョロリとこちらを睨みつけ、大きく全身をくねらせた。細い釣り糸はイワナの口元でプツリと切れ、魚体はバシャンと水の中へ沈んだ。しまった、もっと丁寧に引き寄せればよかった。何度イメージし直しても、後の祭り。

　奥秩父、滝《たき》川本谷。支流の古礼《これい》沢を詰めて水晶《すいしょう》山に抜ける予定だったが、前日からの雨で

沢は増水。この日も小雨がぱらつく冴えない天気だった。沢の水が増えると、沢登りは一気に困難になる。平水時であれば沢通しに歩けるところも、水量が多いと通過できずに高巻きを強いられ、そのたびに時間を取られる。

しばらく遡行を続けたものの、私たちは早々に古礼沢まで行くことをあきらめた。それならばと、今回は釣りでもしながらのんびり行けるところまで行って焚き火を楽しみ、明日また同じところを戻ってこよう、と話がまとまった。

内心ホッとしていた。この週は仕事が猛烈に忙しく、徹夜徹夜の日々で疲れていた。今回の山行もさすがにやめようかと考えたのだが、メンバー三人のうち、二人とも初めて一緒に沢に行く人たちで、しかも自分が食事担当だったから、直前に抜けるとはさすがに言いづらかった。でものんびり釣り山行なら気が楽だ。

さて、大きなイワナを落とした私の心臓は、まだドキドキと鳴っている。私は気を取り直し、竿をたたんでザックにしまい込んだ。さすがにこの淵は水量が多くて通過できない。リーダーが左岸の斜面に取り付いたあとを、私も慌てて登り始めた。足元がしっかりしていてロープを出すほどの場所ではないが、大高巻きになった。川床まで三十メートル以上はある。

私の頭のなかは、さっきの淵で落としたイワナのことでいっぱいだった。次の淵こそ釣り上げる。悶々とイワナのことを考えていて、気づいたときには空中に放り出されていた。木の根が濡れて滑ったのだろうか。後ろにいた人が「あっ！」と言いながら落ちていったというが、私自身はどうして落ちたのかまったく覚えていない。

ガツンッ、ガツンッ、と岩にぶつかり跳ねながら、どうやら私はものすごい勢いで転がり落ちているらしい。ふと母の顔が頭の隅に浮かび、沢で滑落死か、いやだなぁ、とは思ったが、走馬灯はよぎらなかった。

私はなすすべなく風景を眺めていた。ガツンッ、と暗くなった次には空と木々、ガツンッ、と暗くなりまた空。立ち上がる木々と枝葉のコントラストがやけにくっきり見える。モノクロ

の世界、その繰り返し。ちっとも痛くないし、怖くもなかった。滑落って意外とこんなものなのか。

一瞬、視界の端に立ち木が飛び込んだ。あれにつかまったら止まるだろうか？　考える前に手は伸びていて、私は腕にかかった大きな衝撃とともに立ち木を捕えた。上から見ていた仲間が言うには、立ち木にぶつかった拍子にスピードが少し落ちたのだという。とにかく止まった。上のほうから仲間が何やら大きな声でわめいている。顔を上げるが、二人同時に叫んでいるから、何を言っているかよくわからない。どうやら動くな、と言っているらしい。私は自分に落ち着けと言い聞かせた。私はおそらく動揺しているはずだから、仲間の指示に従おう。

二人は上でロープを出し、懸垂下降のセットをしているようだった。二十メートルは落ちただろうか。二人よりも川床のほうが近くなっている。体はどうやら無事みたいだ。ヘルメットと背中の大きなザックが守ってくれたのだろう。自分でも動けそうだけど、二人を心配させてはいけないと思い、言われた通りじっとしていた。

「大丈夫か？」「はい、大丈夫です」「怪我は？」「特に、大丈夫です」「痛いところは？」「よくわからないけど、たぶん大丈夫です」。下りてきた仲間からの質問に答える。確保して下ろすからと言われたが、自分で懸垂下降できると言い、川床の大きな岩の上まで下りた。

ロープを下降器具から外し、ザックを下ろすと、私はそのままザックの上に倒れこんだ。どうも軽い脳震盪らしい。気が抜けたのだろう。しばらく休むと、リーダーは今日のうちに下山しようと言った。ひとつ間違えれば致命傷になったかもしれない事故のあとに、楽しく山行を続ける気分にもなれないだろう。打った頭も心配だ。二人とも同意した。

下山を始めて私は気づいた。沢通しを下降しているときはまだいい。高巻きになると恐怖で足が前に出ないのだ。落ちるような気がして仕方ない。大丈夫だと自分に言い聞かせても、体が言うことを聞いてくれない。なるほど、死の恐怖とは刷り込み式なのだな。

仲間が私のハーネスにロープをくくりつけた。「落ちたら絶対に止めてやるから、大丈夫だから、行け」。怖い、たまらなく怖い。でも歩いた。歩く以外の方法がないのだから仕方ない。まるで怯《おび》えた犬の散歩のような状況だった。ノロノロと私たちは下山を続けた。

最後の徒渉は暗くなる一歩手前だった。流されないよう三人で肩を組み、足元を探りながら渡った。対岸の安全地帯に着いてザックを下ろすと、リーダーは私に「よく頑張った」と言ってくれた。私は「すみません、ありがとうございました」と二人に頭を下げた。

山で危ない思いをしたことのある人は多いと思う。そこには原因があって、だから次には同じミスを犯さないように気をつけて歩く。私の場合は、疲れていたのに山に行ってしまったこと、イワナのことを考えて注意力が散漫になってしまったことが原因だ。それから常に、ここで落ちたらどうなるかということを考えていなければいけなかった。人は存外、危ないところではなく、何でもないところで事故を起こす。

致命傷を負うこともなく、私はひとつ経験を積むことができたわけだが、後遺症も残った。右岸なら平気なのに、左岸の高巻きになると恐怖を感じるようになってしまったのだ。そしてそのたびに滑落の教訓を思い出す。命あってこその山である。

痛くない痛くない

滑落事故のショックは大きかった。それまで毎週のように沢に通っていたが、さすがに翌週は自宅でおとなしく過ごした。このままだと怖くてもう沢登りに行けなくなるかな。ふと思ったが、そんなわけはないな、と心のなかの自分が苦笑している。

次の週になると私は性懲りもなく沢に出かけ、リハビリの意を込めて核心の滝をリードで登った。登りながら「大丈夫、怖くない」と自分に言い聞かせた。あんなに怖い思いをしたはずなのに、それでも沢登りをやめることは考えられなかった。

しかしよくないこととは続くものだ。すっかり調子を取り戻したつもりでいた私は、さらに翌々週、とうとう沢で骨折事故を起こしてしまった。自然をなめると痛い目を見る。水を得た魚のように過ごした日々には、いったんピリオドが打たれることになった。

もしかしたら私、山に向いていないのかもしれない。身も心も骨も打ち砕かれた。

痛くない痛くない
谷川連峰・万太郎本谷
うわー
きれいー
滑落事故から一カ月
完全復活!!
わーい
水量多く明るい美渓
天気最高、気分最高
巻けるけどせっかくだから泳ぐか!!
泳ぐの好きー
がんばれー
行くぜ!!
うおー
バシャ
バシャ
バシャ
わー
あー
戻ってきた
あ

やまと行きます!!
泳ぐっ
ハイッ
威勢がいいな
ええ
バシャバシャバシャ
うおー
うおー
お、行った
おお
これ以上は流される
ハッシ
よいしょ
ズリズリ
対岸に渡らないと登れないな…
水深二〇センチくらいか…
たぶん

ピョーン
お
跳んだ
バシャッ!
ガッ!!
?!
……。
痛い
OK!!
じゃないっつーの
とりあえず
みんなを
引っ張らなきゃ
……。
やるじゃん!!
お疲れ!!
さて
……。
くっ

え？
助けてください
おーい
どうしたの？こんなところで
痛っ!!
たぶん
折れました
ねんざ？
えぇー？
ぐる
ぐる
足首の骨が折れてずれた…
歩けません
ペコリ
ごめんなさい
下りたいです
肩を借り…
泳げるところは流れ…
ぷか〜
むむむ

おんぶも試すが…
大丈夫ですか？
重たい人→
痛っ!!
ガッ
痛っ!!
ガッ
ゴメン
ヨロ
ヨロ
ぶつかるとかなり痛い
おおお、下ろしてください…
自分で歩きます…
そう？
痛くても歩くしかないっ
でも
痛いと思ったら歩けない!!
ビキッ
ハア
痛くない…
ハア
ハア
痛くない…
ハア
ハア
ハア
ビキッ
林道にたどり着いたとたん歩けなくなった…
おお
ガクッ
ホッ

第五章 クライマーに憧れて

人生で一番寒かった日

骨折事故以来、私は少しずつ沢登りから離れていったように思う。仕事が忙しくなったことや、一番の要因は夏の間に山小屋で働くようになったことが大きい。世界中を旅しながら絵を描きたいという夢もあって、三十代は海外に出かけてしまったということもある。

山に戻ってきたのは、四十代を目前にした頃だった。体力のあるうちに、もう一歩踏み込んだ山の世界に挑戦してみたかった。クライミングに対する憧れもあった。ひと言でクライミングといっても様々なジャンルがあるのだが、簡単に言えば「壁を登ること」だろうか。

それまでにも滝を登ることを目的とした沢登りや、岩場で岩登りの練習をしたことはあった。単純に壁を登ることは楽しかったが、それ以上踏み出さなかったのは、自然のただなかにどっぷりと浸かる行為そのものに満足していたので、壁に登ることが目的でなくてもよかったからだ。あとはクライミングに対して、「怖い、危ない」というイメージも強かった。

クライミングを始めてみよう、と思う以前に一度だけ、冬の八ヶ岳バリエーションルートに登ったことがある。バリエーションとは一般登山道ではない困難なルートのことをいう。そのときは八ヶ岳の赤岳に登る主稜線、赤岳主稜という初心者向けのルートだった。

冬の八ヶ岳は風が強く、寒いことでも知られる。その日の天候はかなり悪く、いつもにも増して風が強く寒かった。私も事前にアイゼンを履いて岩登りのトレーニングなどして心の準備はしていたのだが、こんな天気の日にも登るのかと不安になった。

初めての冬の岩登りということもあり、私はずっとセカンドで登ることになった。つまりトップがリードしてロープいっぱいまで登り、セカンドはロープに従ってトップのいるところまで登る。また同じ人がトップで登り、セカンドが、と尺取虫のように進む。

赤岳主稜は出だしの立ち上がった壁を乗り越えると、トップの姿はすぐに見えなくなる。風の唸りがすごいのでお互いの声は通らない。ロープの流れで意思の疎通をするしかない。やってみると握っているロープから、相手が今何をやっているかの想像がなんとなくつく。

登って、立ち止まって支点を作って、登って、あれ、ちょっと難しいのかな。もうそろそろロープもいっぱい。支点を作って、自己確保して、私を引き上げる準備をして。あ、登ってこいって言っている。そのくらいのことはわかる。

分厚い手袋とアイゼンでの岩登りには慣れていなかったが、セカンドで墜落の危険もないことから、私はぐいぐいと力任せに登った。こんな寒いなか、悠長に迷っている暇はない。寒さに耐えながら、私たちは順調に高度を稼いだ。

中間地点くらいまできた頃だったか、ビレイをする私のいる場所には風が渦巻いていた。寒い。今まで生きてきたなかで一番寒い。足先が冷たいを通り越して痛かった。痛い痛いと言いながら、感覚を取り戻そうと靴のつま先で岩を蹴り続けた。その頃の私には高価な冬靴までそろえるお金がなく、足元はスリーシーズン用の革製の重登山靴だった。

間の悪いことに、後続パーティーが追いついてきた。ほかにビレイを取る場所がなかったのか、私が支点に使っている同じ岩角の上に支点を取り、セカンドを上げ始めた。これでは私が出られない。気づけば手元のロープが登ってこいと言っている。

後続のトップが私を見て「ごめん、一人登ったら外すから」と謝るが、待つより仕方ない。相手はどうやら三人パーティーらしい。こんな日に登る人がほかにもいるのかと少し可笑しくもなったが、とにかく寒さがこたえる。手元のロープがしきりに何をやっているんだと私を急かすが、さすがにこの状況を伝えることはできない。

ようやく後続のセカンドが姿を見せ、私は解放された。すぐに登り始めトップの待つ岩陰ま

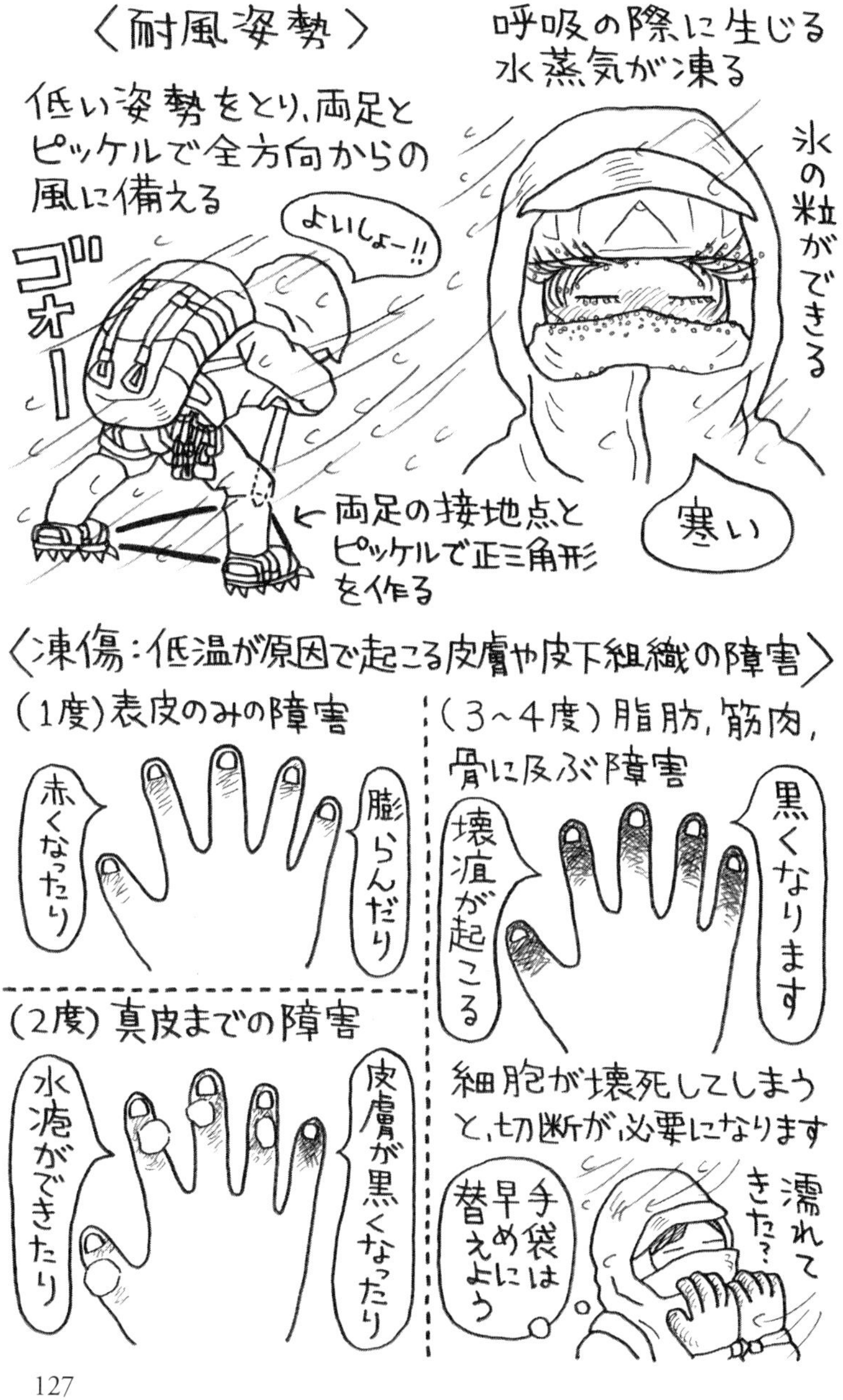
〈耐風姿勢〉
低い姿勢をとり、両足とピッケルで全方向からの風に備える
ゴォー
よいしょー!!
両足の接地点とピッケルで正三角形を作る
呼吸の際に生じる水蒸気が凍る
氷の粒ができる
寒い
〈凍傷：低温が原因で起こる皮膚や皮下組織の障害〉
(1度)表皮のみの障害
赤くなったり
膨らんだり
(2度)真皮までの障害
水疱ができたり
皮膚が黒くなったり
(3〜4度)脂肪、筋肉、骨に及ぶ障害
壊疽が起こる
黒くなります
細胞が壊死してしまうと、切断が必要になります
濡れてきた？
手袋は早めに替えよう

でたどり着くと、「何してたの」と少し苛立っている様子だった。この人もよっぽどか寒かったにちがいない。吹雪は収まる様子もない。まつ毛や顔の周りがバリバリに凍っている。

最後の斜面では、強風で体が吹き飛びそうだった。風の呼吸を見計らいながら前に進む。終了点。ロープをほどき、赤岳山頂から文三郎《ぶんざぶろう》尾根を駆け下った。そういえば朝テントで少し食料を口にしただけで、飲まず食わずだったな。安全地帯まで戻ってくると、急にお腹が空いていることに気づいた。

私の持っている安いテルモスのお湯は、すでに冷たい水に戻っていた。これはダメだ。冬山をやるなら装備にもっとお金をかけないと。仕方なしに冷水で食料を胃に流し込み、テントを撤収して下山。

足先は軽い凍傷にでもなったのか、一カ月以上たっても指先の皮膚感覚がおかしかった。冬山は楽しいけれど、クライミングは寒いしやっぱり危ないな。足先はその程度で済んでよかった。だが、次にまた冬の岩登りをしようという気にはなかなかなれなかった。

しかし、それでよかったのかもしれない。当時の私がそのまま突っ走っていたら、また大きな事故でも起こしていたのではないだろうか。山は怖い。本当にそう思える年齢になって、ようやく私は再びクライミングを始めてみようと思えるようになった。

初夏の赤木沢。スクッと伸びたニッコウキスゲが黄色い花を咲かせる

私の贅沢な時間の過ごし方に焚き火と渓流釣りがある

吹雪に叩かれた赤岳主稜。でも、あともう少しで登山道だ。寒かったなぁ

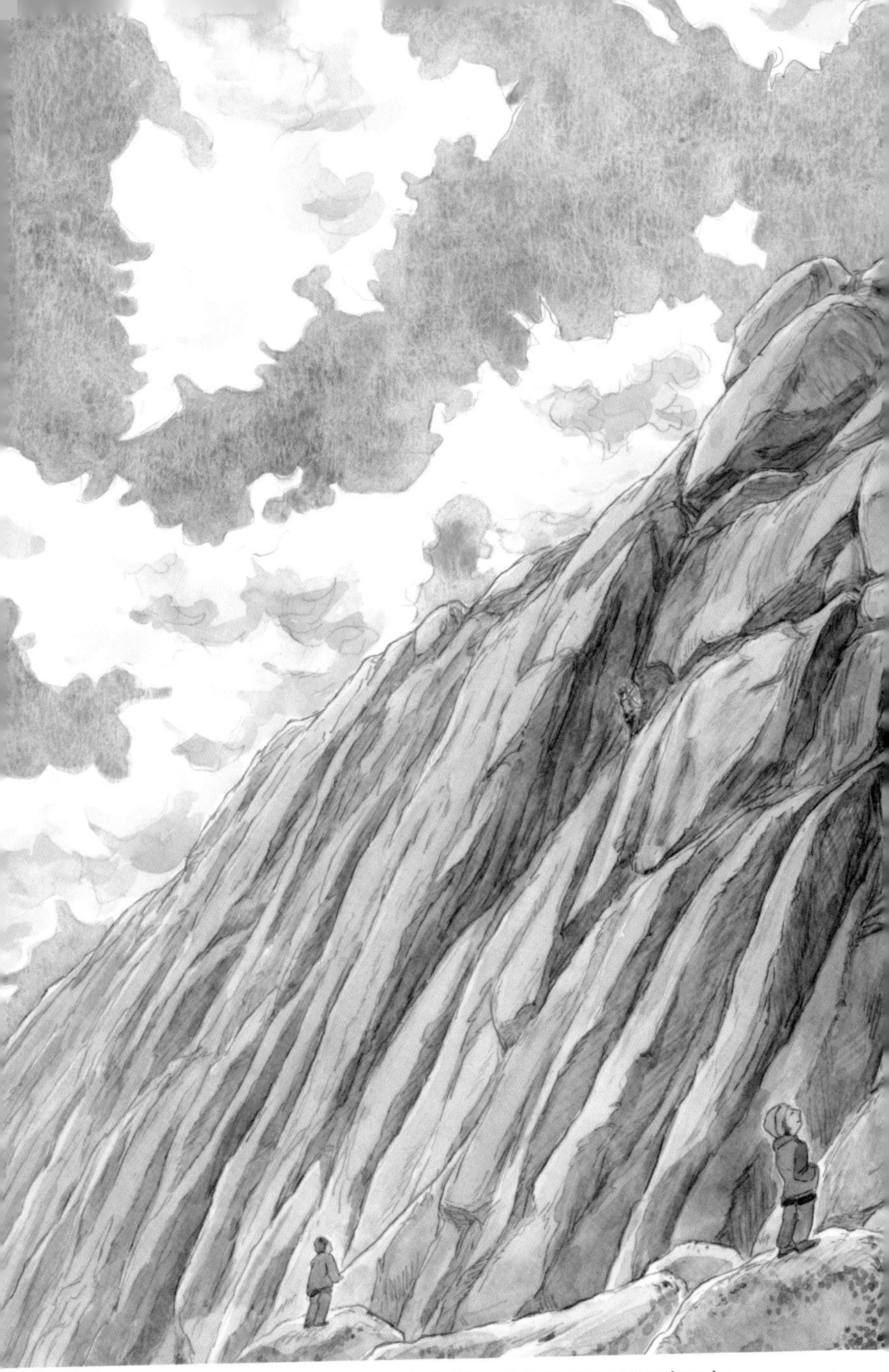

空に向かってのびる岩の割れ目、大堂海岸。手足が痛くて登れないよぅ

朝日に染まる谷川連峰一ノ倉沢。さあ、これから登攀の一日が始まる

甲斐駒ヶ岳黄蓮谷左俣。カチコチに凍った氷の滝を慎重に登っていく

黒部源流薬師沢小屋で働くという幸せを噛みしめながら、ぼんやり

ガジュマルのように絡み合い入り交じりながら、小笠原の記憶が心に蘇る

ヤマアジサイの上で休憩していたら、仲間の蝸牛に出会ったよ

岩の割れ目に挟まれて

もっとクライミングの世界に踏み込んでみたい。私は人工壁と呼ばれる室内クライミングジムや外の岩場で、ポツポツと壁を登るようになった。と同時に、クライミングを中心に活動している山岳会も訪ねて歩いた。山岳会にはそれぞれ方向性や方針があるので、自分の目的と肌に合った会を選ぶことが大切だ。

「クラックやらない？」。たまたま参加させてもらった山の集まりで誘われた。クラックとはクラッククライミングのことで、岩に走る割れ目を利用して登るクライミングのことをいう。岩を手でつかんだり足を乗せたりする代わりに、岩の隙間に指や手足をねじ込んで、岩の割れ目を伝うように登っていくのだ。

登るためには落ちたときに怪我をしないように、岩の隙間に支点を作りながら登っていく。支点は岩を傷めないカムと呼ばれる道具を使うことがほとんどだ。カムにはサイズがいくつもあり、岩の隙間に合わせて最適なものを選び、セットしながら登る。

クラッククライミングには興味があったが、私はカムをひとつも持っていなかった。そう伝えると、「まだ初めてなんだからいいよ！　カムは少しずつそろえていけば」と言って快く迎えてくれたので、まずはひとつクラッククライミングとはどんなものかと、挑戦してみることにした。

年末年始の長期休みを使い、私たちは高知県足摺宇和海国立公園にある大堂《おおどう》海岸に向かった。大堂海岸は五〇～一〇〇メートルもの高さになる断崖絶壁が続く、花崗岩でできた大きな岩場だ。陽が当たるとポカポカと暖かいので、冬のクライミングには最適だ。

皆は海岸を歩きながら登るルートを物色している。私は波が岩の間に打ち寄せ砕ける様子を眺めながら、のんびりと幸せな気分に浸っていた。話の流れでこんな遠いところまで来てしまったけれど、やっぱり自然はいいな。

「やまトン！」。どうやら登るルートが決まったらしい。そして私はここでは「やまトン」と呼ばれるのか。皆の真似をして、手指にぐるぐるとテーピングテープを巻きつける。手を岩の隙間に差し込むので、手が血だらけになるのだ。その予防。

手足を岩の隙間に差し込んでひねり、岩との摩擦で体を保持する方法をジャミングという。

クラッククライミングってこんな感じ

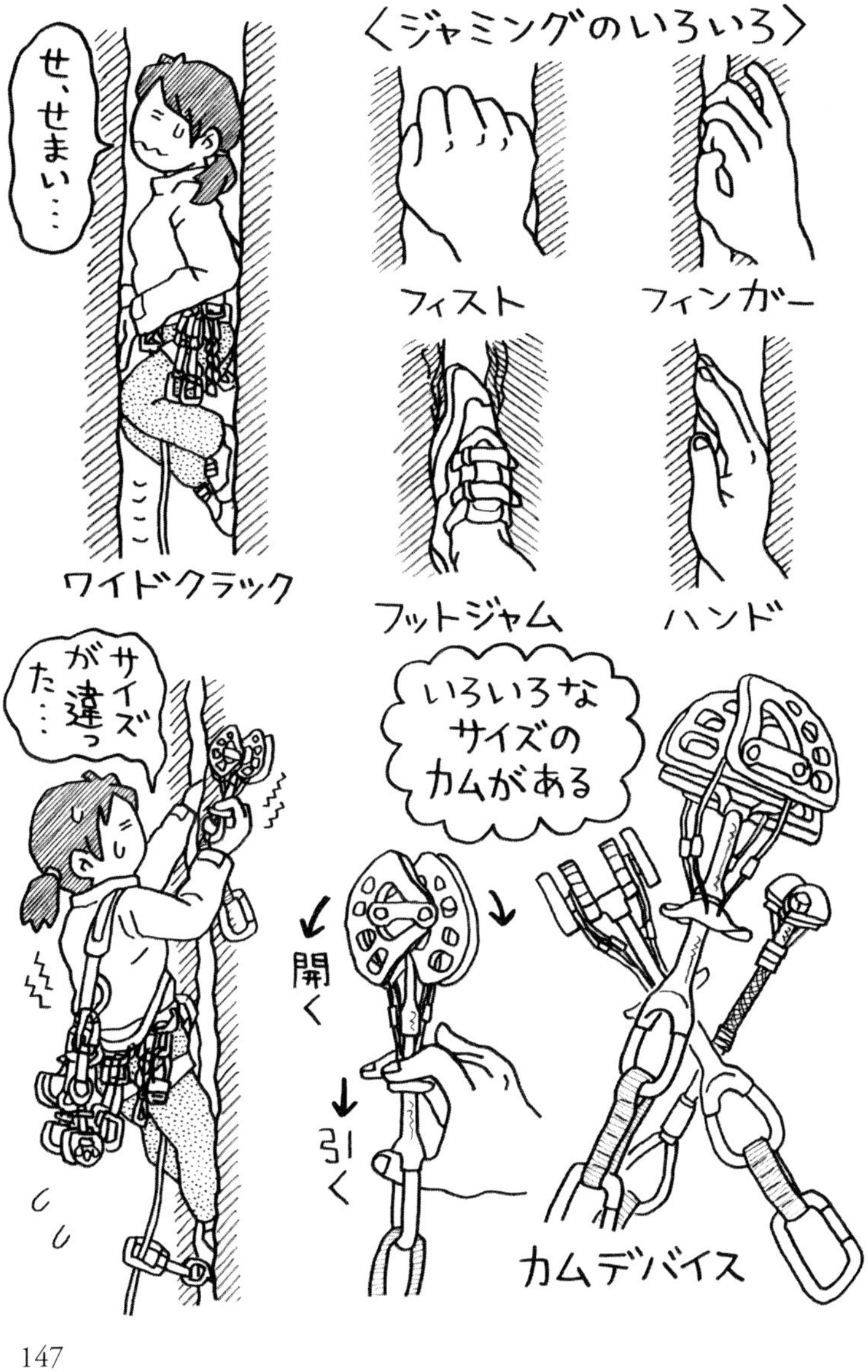

登る前にいくつかジャミングの方法を教えてもらった。指、手のひら、握りこぶし、足をそれぞれ岩に差し入れ、隙間の幅に合わせて中で形を変える。これは痛そう。

実際に登り始めて驚いた。慣れていないからなのか、体重が重いせいなのか、手足、特に足がウソでしょと言いたくなるくらい痛い。岩の隙間に足を差し込み、ひねる。体重をかける。痛っ。え、みんなこんな思いをして登っているの？

しかも手はジャミングしているつもりなのに、なかなか止まってくれず、力をかけるとスポンスポンと岩の隙間から抜けてしまう。一番上からぶら下がる形で登るトップロープでなければ、何度落ちていたことか。難しい。今まで登っていた岩登りとはまるで違う運動をしているみたいだ。

一直線に空へとのびる岩の割れ目がうらめしかった。何度もロープにテンションをかけながら、それでもようやく登りきった。上から見下ろすと、下で仲間がよくやったと笑っている。目の前にはコバルトブルーの太平洋と青い空。気持ちいいけど痛い！

計四日間、体験クラッククライミングのつもりで行ったにしては、盛りだくさんの内容だった。感想を述べれば岩を登る気持ちよさよりも、手足の痛さと登れない情けなさのほうが大きかった。どうやったら登れるようになるのかも、まるでわからなかった。

東京に帰った私は、血迷った気分のまま、山道具店で高価なカムをフルセット買いそろえた。わからないならとりあえずやってみる、というのが私の行動パターンだ。やらなきゃ登れるようにもならないだろう。

その後もクラッククライミングに誘ってくれた仲間に連れられて、私は週末になると岩の割れ目に挟まれるため、近郊の岩場へと登りに出かけた。こんなことでもなければ、岩の隙間に手を差し入れるなんてことはなかっただろう。割れ目はひんやりと冷たく湿っていて、なんだか地球の内部を手探りしているような気分になる。

自然のなかにいると、森の樹木や岩清水、様々なところに生命の根源としてのエロティシズムを感じることがある。岩の割れ目はいわば岩のエロスだ。手足の痛みに耐えながら登るクラッククライマーには、ある種の変態性が発生しているのかもしれない。

単に山登りというと複合的な要素があるが、クライミングは岩を登ること自体に目的が特化されているから、シンプルに岩と向き合うことになる。山全体への交歓よりも濃厚な交歓が用意されているのかもしれない。

なんせ私の知っているクライマーたちは、情熱家が多い。岩に対する愛も一点集中型で深いんじゃないかな、きっと。

死の山の岩壁

夜明け前、一ノ倉沢出合に向かう旧道をヘッドランプの光を頼りに早足で歩く。背中のザックにはクライミングギアやロープが入っているので、小さめのザックにしてはズシリと重い。外側にぶら下げたヘルメットがカラカラと揺れて鳴る。

谷川岳東面、一ノ倉沢。学生の頃に一人で山を歩いていた頃から憧れていた岩壁だ。あれから二十年、とうとうここまで来た。出合に着く頃には夜もすっかり明け、雪渓の詰まった谷の奥には、一ノ倉沢の岩壁が黒々と立ちはだかっていた。

群馬県と新潟県との県境に連なる谷川連峰は、北西の季節風によって多くの積雪がもたらされる豪雪地帯だ。谷川岳東面のマチガ沢、一ノ倉沢、幽《ゆう》ノ沢には、氷期にあった氷河の痕跡がU字谷として残っていて、深い谷と急峻な岩壁を形成している。

谷川岳は遭難による累計死者数が世界一の山で、ギネス認定もされている。一九三一年から

山岳登攀ってこんな感じ

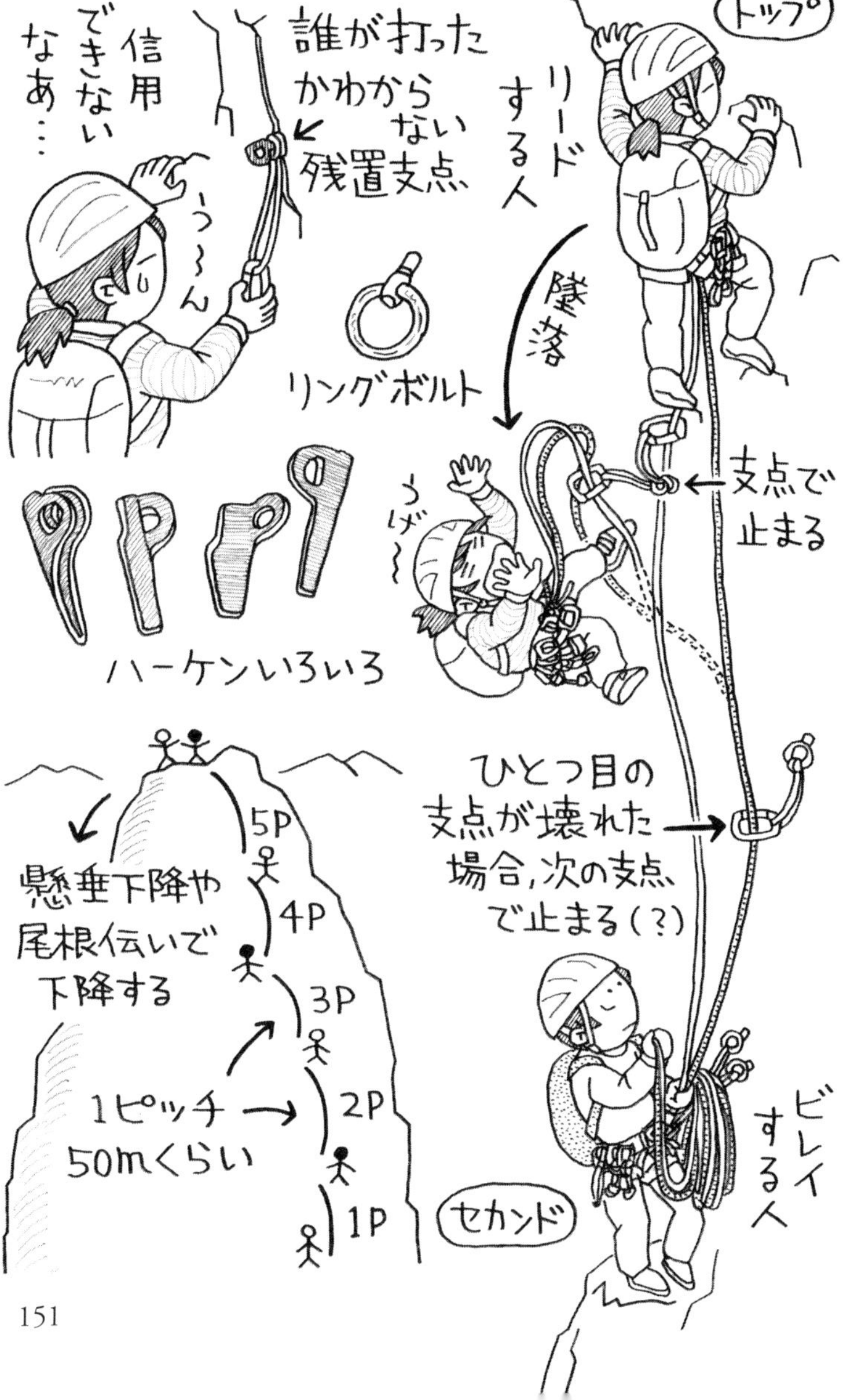

信用できないなあ…
誰が打ったかわからない残置支点
う～ん
リングボルト
ハーケンいろいろ
トップ
リードする人
墜落
支点で止まる
うげ～
ひとつ目の支点が壊れた場合、次の支点で止まる(?)
ビレイする人
セカンド
懸垂下降や尾根伝いで下降する
5P
4P
3P
2P
1P
1ピッチ50mくらい

の統計で、現在八百人を超える登山者が命を落としている。主に昭和の半ば、装備も今ほどいいものがなかった時代、岩壁の初登ルートを目指してたくさんの人が訪れた頃のものがほとんどだ。しかし今日でも遭難事故が起こっていることに変わりはない。

天候曇り。五月の半ばとあってまだ寒い。出合から一ノ倉沢の雪渓を上がっていき、テールリッジと呼ばれる岩尾根の末端をよじ登る。そのまま尾根伝いに歩き、そそり立つ岩壁の基部を左手に横断すると、烏帽子《えぼし》岩奥壁南稜という初心者向けルートの取り付きに着く。

荷物を下ろし、クライミングシューズに履き替え、ギアやロープの準備をする。最初の一ピッチ目はセカンドでビレイから。上を見上げると、暗澹《あんたん》とした灰色のガスが岩場上部を覆い隠し、とても楽しい気分にはなれない。鼓動が少し早まる。

風が冷たい。トップの引っ張っていったロープに導かれ、かじかむ手で登り続ける。二ピッチ目は私がトップの番だ。昔からたくさんの人たちが登ってきた岩なので、残置支点といって古びたハーケンやボルトが所々に打ってある。ハーケンとは岩の割れ目に打ち込む金属製のくさびで、ここに支点を取りながら登る。いつ誰が打ったかわからないし、墜落に耐えられる強度かどうかもわからない。山の岩場で落ちたら保障はない。

三ピッチ目に入ると、ガスは細かい雨になった。乾いた岩なら小さな段差でも安心して立てるはずのクライミングシューズが、岩が濡れたとたんにツルツルと滑りだす。四ピッチ目、トップで登ったはいいが滑って怖い。おまけに谷底からはブワァーッとみぞれ混じりの雨が吹き上げてきて、こちらの気持ちなんかお構いなしだ。思わず情けない声が出る。「こんな日にも登るもんなんですかね」「うーん、普通は登らねぇなあ」

五ピッチ目が一番面白いんだけど、トップで登る？　聞かれたが、目の前の垂直近い壁を見上げ、さすがに気持ちが萎《な》えて辞退した。セカンドで登り、それでも最後はたまらず支点にぶら下がったスリングにつかまった。これが山の岩壁の初心者ルートなのか？

最終ピッチを終えて懸垂下降を続けながら、山は怖いなと思った。天候によって難しさが全然違う。晴天のなか、乾いた岩を快適に登っていくイメージしか持っていなかった。当たり前か。山の天気がそんな約束をしてくれるはずがなかった。

翌々週は打って変わって晴天の一ノ倉沢だった。前回は自分の入会した会の人たちしかいなかったが、この日はあちこちのルートに人が取り付いていた。そうそう、やっぱりこんな日に登ったほうが気持ちいいに決まっている。

当初登る予定だったルートは、先に隣のルートに取り付いたパーティーからの落石の通り道になっていたので、急遽別のルートに変更した。ん、たしかこのルート難しかったような。思ったけれど、天気も岩のコンディションもよさそうだから、大丈夫かなと思った。

前回の南陵に比べると、支点を取れる場所も少なく、手足を乗せる岩も細かいが、岩が乾いているのでまだマシだ。だが、四ピッチ目のリードは精神的にきつかった。

落ちたら絶対に効かないなと思いつつ、グラグラの岩の隙間に小さなカムで支点を取ったあと、延々と支点を取ることができなかった。岩にハーケンを打つような隙間はなく、残置されたリング状のボルトも残っていない。支点がないないないと思いながら、もう十五メートル以上登っている。下を見ると、こりゃ落ちたら大変だわという気持ちになる。

単純に岩登りの難しさとしては落ちる気はしない。私は息をフーッと大きく吐き、落ち着けと言い聞かせた。大丈夫。この先に見える段差まで登れば、必ず支点がある。今までこのルートを登ってきた人の気持ちになれば、あそこに必ず支点を作るだろう。

段差の奥には細い割れ目が走り、ハーケンが二枚打ってあったが、二枚とも根元からポッキリと折れていた。が、その二枚の間にもう一枚だけハーケンを打てるスペースが残っている。ラッキー。私は腰にぶら下げていたハーケンとハンマーを取り出し、その三センチほどの隙間に思い切り叩き込んだ。

たった二度登っただけなのに、私は一ノ倉沢が怖くなった。たしかに沢登りで滝を登るときだって怖い。けれど沢登りは沢を登る過程のなかで滝が出てくるから登るのであって、岩だけを登るのとは少し違う。岩登りっていったいなんだろうね。

興味を持って付き合い始めたはいいけれど、相手が何を考えているのかよくわからない。さて私はこいつと何をしたいのだろう。岩壁を相手に自己問答。時として相手のいいところというのは、付き合っているうちに見えてくるものでもある。

まあ、ドキドキは半端ないわけだしね。もう少し気長に付き合ってみようか。今日も無事下山した私は、新緑の出合から一ノ倉沢を振り返り、岩壁をゆっくりと振り仰いだ。山も岩も答えを教えてはくれない。いつだって黙って私を見下ろすだけだ。

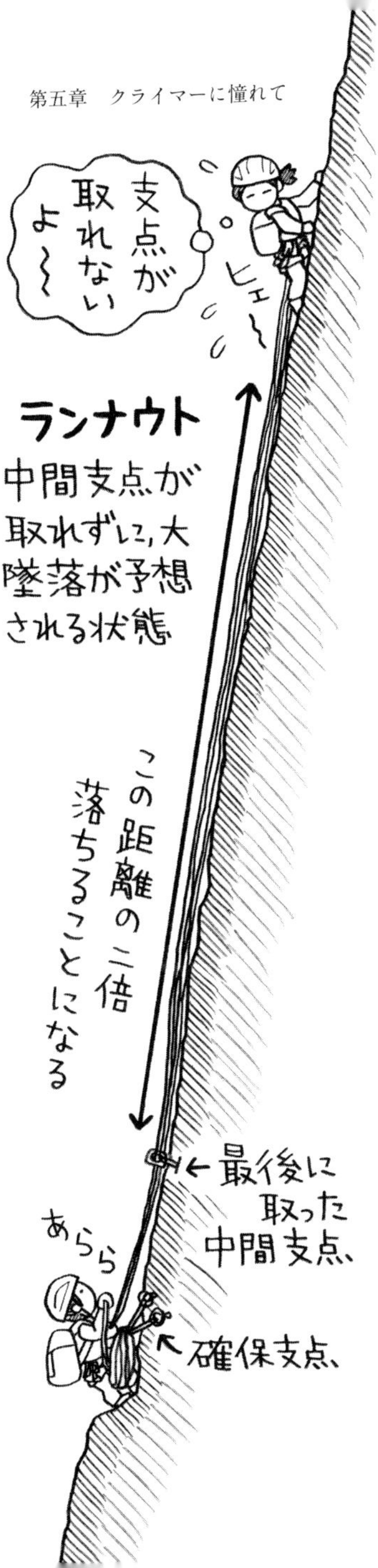
支点が取れないよ〜〜
ヒェ〜
ランナウト
中間支点が取れずに、大墜落が予想される状態
この距離の二倍落ちることになる
最後に取った中間支点
あらら
確保支点

虫の知らせ

岩登りもいいけど、やっぱり私は沢登りが好きだなあ。夏の間、黒部《くろべ》源流にある山小屋で働き始めるようになって、私はすっかり沢登りの世界から遠ざかってしまった。日々、沢を眺めて暮らしているのに、沢に登れないというのは、鼻先にニンジンをぶら下げられた馬のような気分だ。

そんなわけで、といったら発想がおかしいかもしれないが、私は冬の沢登りに挑戦してみることにした。つまりアイスクライミングというわけだ。凍てつく沢を遡り、滝を登る。焚き火と釣りはできないが、まあこの際よしとしよう。

冬になると、私は凍った滝のある山中に通うようになった。氷を登るにはさすがに素手は無理で、ピッケルの柄を短くしたようなアイスバイルという道具を両手に持つ。足は前爪の長いアイゼンを履き、これらで氷を突き刺す。不恰好な冬のカマキリみたいだ。

アイスクライミングってこんな感じ
氷の状態によって叩きぐあいを調整する
叩きすぎたあ〜
ドガッ!
ギャー
バラ
バラ
アイスバイル
アイススクリュー
アイゼン
〈アイスクライミングの装備〉
アイゼンの前爪は、一本のタイプを使う人が多い
ゴッ
痛っ
ビレイ中の落氷に注意
氷に支点を作るためのアイススクリュー
カリ
カリ

沢登りにおいて水は水でしかないけれど、アイスクライミングで水が凍ると、それこそ千差万別の氷になる。アイスバイルを跳ね返すくらいカチカチの氷や、水分を含んだ柔らかい氷、叩くとバラバラと崩れるシャンデリア、太いツララが束になった氷柱。どれもこれも元は同じ素材だったとは思えないくらい自由な形をしている。

そんなあるとき、私は甲斐駒《かいこま》ヶ岳の黄蓮《おうれん》谷左俣を登りに行く計画に乗った。メンバーは私を入れて三人。甲斐駒ヶ岳は南アルプスの北側に位置する標高二九六七メートルの山で、威風堂々、独立峰のように立ち上がり、私の好きな山のひとつでもある。

ところが山行を控えた週の半ば、私は体調に若干の不安を感じた。微熱があるような？　風邪というほどのものでもない。まあ山に行ったら治るかなとも思い、迷いながらも玄関先でアイスバイルを研ぎ始めた。アイスバイルは刃物と一緒なので、氷によく突き刺さるよう、先端を尖らせておくのだ。

不意に手元の携帯電話が鳴った。こんな夜の時間帯に誰かなと思ったら、一緒に山に行く仲間からだった。いつもはショートメールのやり取りだけで、電話をかけてくることなんてなかったから珍しい。込み入った話かも、と思いながら通話ボタンを押した。

「もしもし」。あれ？　受話器の向こうにはたぶん三、四歳くらいの男の子かな？が何かくぐもった声で喋って笑っている。「もしもし？」。私は可笑しくなって少し笑ってしまった。え、子どもが携帯いたずらしちゃった？

男の子は携帯をそこに置いたまま、向こうにパタパタと行ってしまい、遠くで今度は小さな女の子と一緒に笑い合っている様子だった。「おーい、もしもし」。私は面白くなって、しばらく受話器に耳を当てたまま、様子をうかがっていた。

すると今度は、耳元でゴワゴワと年配の男の人の声がする。オワオワと何かこちらに向かって喋っているようではあるが、何を言っているのかまるでわからない。混線かな。少し不気味になったので、いったん電話を切った。こちらからかけ直すことにしよう。

「もしもし、どうしました？」。ああ、いつもの仲間の声だ。「いや、今そっちから電話かかってきたから、かけ直したんだけど」「え、僕、電話なんかかけていませんよ。それに今、電車の中だし」「でもこっちに着信履歴あるよ。間違えて押しちゃったんじゃない。子どもが出たよ」「いや、さっきまで忘年会だったから、それはない」

スッと背筋が寒くなった。いや、玄関が寒いせいかも。そういえばこの人の子どもって、もう中学生とかだった。あんな小さな子どもがいるわけがない。「僕のほうには発信履歴ありません」。ああ、混線にせよなんにせよ、このタイミングでこの人からか。

私は素直に、行こうかどうか迷っていることを仲間に伝えた。仲間も少し寒気がしたらしく、やめたほうがいいですね、と応じてくれた。事情をもう一人の仲間にも伝えると、それは虫の知らせだから絶対にやめたほうがいいと言う。山でどんなに条件がよくても、嫌な気分になったときは突っ込まない。だから自分はまだ生きているんだと、しつこいくらいに言い聞かせられた。

微熱に感じた体調は翌日にはすっかりよくなり、週末の山も行こうと思えば行けたのだが、虫の知らせ疑惑もあり、今回の山行は見送ることにした。仲間は二人で出かけたが、今年はまだ凍っていなかったと、途中まで行って引き返してきたという。

結局、その年に黄蓮谷が凍ったのは年末になってからで、私たちは年明けになってから、三人で黄蓮谷左俣に出かけた。滝を登り下りするだけではない山岳の沢登り的なアイスクライミングは、山に登る充実感もあり、非常に満足できる山行となった。

さて、迷信じみた話になってしまうが、あのとき受話器の向こうで何か言おうとしていたのは、もしかしたら前の年に亡くなった父だったかもしれない。ふと後になって思う。もし、あのまま皆と一緒に山に行っていたら、つまらぬところで怪我でもしていただろうか。それとも父は単に、まだ滝が凍っていないよ、と教えてくれたのかもしれないね。

第六章

山の暮らし

黒部源流にて

北アルプス黒部源流。富山県、黒部川源流部のほとりに立つ薬師沢《やくしざわ》小屋で働くようになって、かれこれ十数年がたつ。その間、希望が通らず同グループの別の山小屋で働いたり、堅気になろうと下界（山から指す街のこと）で過ごしたこともあった。だが私は今シーズンもまた、この黒部源流で山小屋の夏を迎えようとしている。私は黒部源流が好きだ。世界で一番好きな場所といってもいい。

小屋前に架かる吊り橋の上から足元を眺めると、キラキラと輝くエメラルドグリーンの流れに、体中が包み込まれるようだ。沢の水音が空気中にあふれ出し、季節折々の風が軽やかに吹き抜けていく。きれいな水を湛《たた》えた風景には、ＤＮＡレベルで人を癒やす力がある。

黒部源流での暮らしは、水とともにある。雨が降り続けて川の水が増えると、小屋の対岸の沢からホースで引いている飲用の沢水は、濁って使い物にならなくなってしまう。川に棲んでいるイワナたちも、流れの緩い浅瀬に逃げ込んで、水が引くまでひたすら待ち続ける。

さらに水かさが増して鉄砲水でも出たときには大変だ。登山道上の橋が流されてしまったり、イワナも致命傷を負うことがある。私は以前、増水後に橋桁に引っかかって死んでいたイワナを見たことがあるし、転がった石にぶつかったのか、体に痣のような傷を負ったイワナも見たことがある。

大きな増水は、川の地形や流れを少しずつ変えていく。河原沿いにつけられた登山道は、ときに流れを変えた川の中に水没してしまうことがある。逆にわざわざ鎖を張った岩場の真下を流れていた川の流れが変わり、岩場の下を歩けるような年もあった。

水は川を流れ、海に注ぎ、やがて蒸発して雲になり、再び山に帰ってくる。水とともに暮らしていると、自分が大きな循環のなかに生きていることを実感する。黒部源流の清流と、水に支えられた生命、そのすべてを内包する自然。私自身もまた、この美しい自然の一部であるということに気づかされる。

自然というと大きな全体を想像してしまうが、小さな虫や植物のなかにも、自然がつまっている。虫の小さな体が精巧にできていること。こんなに小さいのに目があって羽があって空を飛べるなんて、美しいとしか言いようがない。しかも一斉に羽化して交尾したり、イモムシか

らサナギになってチョウに変態するとか、神業だ。植物もしかり。
自然は大きな生き物なんだな。小さな生き物たちは自然のなかのひとつひとつの細胞のようなもので、新しく生まれては死んでいき、再生を繰り返している。ひとつひとつの細胞が元気だったら、大きな自然も元気いっぱいにちがいない。
元気のある人と一緒にいると、なんだか元気を分けてもらったような気分になって、自分まで一緒に元気になったりする。同じように、黒部源流の豊かな自然に囲まれて日々を過ごしている私は、忙しくて疲れていても元気だ。登山者の人たちもきっと、山に登ってくたくたに疲れても、みんな元気になって帰っていくのは、同じ理由なのではないかな。

山と自然は、私にとって人生の師匠のようなものだ。大切なことをたくさん教わってきた。だが学んできたのは自然からだけではない。山小屋での暮らしのなかからも、たくさんのことを教わってきた。

山小屋で働くようになるまで、実は私は少し人間が苦手だった。昔から周囲にただ合わせるだけという行動が苦手で、自分の価値世界のなかに生きていた。周囲に同調してほしいと思うこともなく、自分で勝手に決めて、勝手に行動するタイプだったかもしれない。

美術や造形の世界ではそれでよかったというか、むしろよかったのかもしれない。ちょっと面白い奴くらいで許されていた。だがオリジナルの価値世界を持つことと、世の中との関わり合いや良好な社会性を保つことは、また別の問題だ。私には社会性を学ぶ機会が欠けていた。

赤の他人との生活。接客業。山小屋での仕事で苦労したことは、まさに人間関係と社会性だった。思えば仕事を始めた頃、私はずいぶん多くの人に不愉快な思いをさせていたと思う。今でもまだまだ学ぶことはあるし、反省することも度々ある。

ときどき山小屋では上手に人間関係が構築できないアルバイトがいるが、なんだか昔の自分を見ているようで、切ない気持ちになる。できないことはできるようになればいい。人は気づいたときから少しずつ変わることができる。だから大丈夫……。

そんな山小屋での人間関係につまずいていた若かりし頃、私はひとつ大切な言葉をいただいたことがある。それは「なんでもありがとうなんだよ」という言葉だ。なんでもありがとう、すべてに対する感謝の気持ち。言っていることはわかるが、私には正直、その言葉の持つ本当の意味が理解しきれなかった。

理解できないけれど大切な言葉として胸に刻んだ私は、その後の生活のなかで「ありがとう」をたくさん言ってみることにした。口にすると不思議なもので、私は今まで当たり前と思っていたことに、たくさんの感謝の気持ちを発見することができた。

お店で品物を購入して、ありがとう。たしかにこの品物が私の手元に届くまで、たくさんの人の力があって手に入れることができた。仕事をいただいて、ありがとう。どんなに大変な仕事でも、私を選んでお願いしてくれたことへの感謝。断るときの申し訳なさ。どんなに小さなことのなかにも、たくさんのありがとうがあるのだ。

いつの間にか私は、ありがとうと思う気持ちが当たり前になった。人だけでなく、自然に対しても、物に対しても、自分自身に対しても。何年かのちに、私は気がついた。私はずいぶん人間が好きになったなと。意見や価値観などの合う合わないは当然あるにしても、人としての感謝の気持ちを持てるようになった。

　感謝の気持ちというのは、自分がいかに幸運であるかを知ることでもある。黒部源流の自然に囲まれ、山が好きな仲間や、登山客の皆さんに接していると、本当にありがたいことだなと思わずにはいられない。

　ハイシーズンを除けば、シーズンを通して薬師沢小屋で働けるのはたった三人だけだ。うち女性は一人だけ。世界中の女性のなかで一人だけ。そういった意味で私は世界中で一番幸運なのだ。吊り橋の上で黒部源流の流れを眺めながら、私はときどき、独り山に向かってのろけている。

南極と日本の極地

アルゼンチン、ウシュアイア。南米最南端の街。冷たい風が一日中吹きかい、空はどんよりと湿っぽく、夏だというのに通りは閑散としていた。ぶらぶらと散歩をしながら港のほうへと向かうと、遊覧船に乗らないかと勧誘の若者に声をかけられた。

今日は寒いから明日にすると断ると、なんの、今日は風がなくてグッドコンディションだと言う。これで風がないのかと少し驚いたが、世界の果てと呼ばれるウシュアイアは南緯五四度。南極大陸から距離にして約千キロメートルしかない。夏でも寒いのは当たり前か。

ふらっと宿から出てきてしまったので、薄手のダウンジャケットにビーチサンダル姿。ツアーガイドに「ここはカリブ海じゃないのよ」とジョークを飛ばされた。船の上はいっそう寒い。岩の上ではオタリアがゴロゴロと寝そべって昼寝をしている。脂肪に包まれて暖かそうだ。

乗り物は好きだ。ここではないどこかへ連れていってくれる感じがいい。港で見かけた大きな客船。あの船は南極旅行に向かうのだろうか。ウシュアイアからなら五十万円くらいで南極ツアーに行けるという話も聞いた。行ってみようか。

南極というと、私のイメージのなかでは映画『南極物語』だ。小学生の頃、学校の体育館で鑑賞した。一九八三年公開の邦画で主演は高倉健、南極に置き去りにされた十五匹のカラフト犬と第一次、第三次南極観測隊の物語だ。生き残ったタロとジロの二匹が隊員に駆け寄るシーンは、今でも覚えている。

もうひとつのイメージは『南極料理人』。南極越冬隊員になった料理人のユーモアあふれる奮闘記を、本と映画で楽しんだ。自然環境や規模は違うが、閉鎖空間での人間模様のドラマは、山小屋での生活と重なるところもあり、他人事ならず共感してしまった。

思えば自然環境が厳しく外界から閉ざされがちな山小屋は、日本の極地みたいな場所だ。とはいうものの、最近は電波の通じる山小屋も多く、無料Ｗｉ－Ｆｉを提供しているところもある。昔に比べたらずいぶん下界に近づいたものだ。ちなみに私の働いている薬師沢小屋は谷底に立っているので、電波もＷｉ－Ｆｉもない。無線が通信手段になる。

南極昭和基地における通信手段は、初期においてはモールス信号。俗にトンツーと呼ばれる無線電信だった。次に衛星電話やファックスといった衛星回線、二〇〇四年にはパラボラアンテナの設置により、インターネットやＷｉ－Ｆｉの使用が可能になった。山小屋にトンツーはなかったものの、通信事情の変遷は似ている。

トイレなどの環境事情に関しても、共通点を感じる。以前の山岳トイレは穴に埋めたり、垂れ流しが当たり前に行われていた。現在は多くの山小屋で微生物により排泄物を分解するバイオトイレを設置している。

昔の昭和基地もまた、雪に穴を掘って用を足していたという。マイナス二〇度、出るものも引っ込んでしまいそうな寒さだ。次の段階は水洗トイレで垂れ流し。現在は焼却方式になり、灰は持ち帰り、汚水は処理槽で浄化したのち海に流しているという。他の基地ではバイオトイレの導入もされているようだ。

環境エネルギーの利用も、僻地においては有用な手段だ。昭和基地の自然エネルギー棟は、建物の外壁面に設置された太陽熱集積パネルにより、室内を暖房することができる。またここでは太

陽光・風力発電によってつくられた電力を制御し、各棟へと供給している。

海外の山小屋の話になるが、スイスアルプスのモンテローザヒュッテは、大学や専門家の協力により、九十パーセントのエネルギーを太陽熱などでまかなうというプロジェクトのもとに設計された。実際の運用に関しては諸々の問題があるようだが、これからの山小屋の在り方を示す面白い取り組みだ。

日本の山小屋に関しても、太陽光、風力と規模は小さいが、各山小屋の経営者によって環境エネルギーへの取り組みがなされている。南極だけではなく日本の極地にも、国や大学、企業とのタイアップによる環境エネルギーへの取り組みができないものだろうか。

山小屋で長く働くうちに、極地での生活環境に興味を持つようになり、私も昭和基地に行ってみたいと思うようになった。南極越冬隊は民間からの公募枠もある。医療、調理、野外観測支援、

環境保全などだ。無論、それぞれの専門分野の豊富な知識と経験が最低条件だ。箸にも棒にもかかる気はしないが、私が応募できるとしたら調理くらいだ。山小屋で大量調理には慣れているし、食材の管理や限られた食材のなかでやりくりするのは同じだ。

調理の応募には調理師免許が必要だった。私はテキストを取り寄せ、せっせと勉強を始めた。様々な分野の料理に関する勉強もした。あわせて南極に関する文献に目を通し、元越冬隊員の講演会にも足を延ばした。新しい知識と体験は、山や旅に出かけることと同じくらいに心が躍る。

正直、付け焼き刃で越冬隊など無理だろうと思いつつも、やれることはやろうと思った。無理と無駄とは違う。私は後悔をしたことがない。無論結果は大切だが、やる過程のなかから得るものは大きい。調理師免許を手にした私は、山小屋の経営者と上司にお願いして推薦状を書いてもらい、極地研究所に願書を送付した。結果は書類落ちだった。

手元に残った調理師免許は、山小屋の仕事で役立っているからよしとしよう。この先の山小屋仕事に対する考え方や夢も広がった。だが私は南極に行くこと自体をあきらめたわけではない。いつか何かの形で行ってみよう。

南極大陸へ。今はまだウシュアイアの彼方に浮かぶ一塊の氷山のような夢のひとつだ。

帰りを待つ人々

「遭難者、見つかったって」。朝から捜索に入り、登山道を峠まで登り詰めたところだった。二手に分かれた別グループからの連絡が携帯に入った。行方不明になってから二カ月以上、公的捜索が終了し、民間捜索に入って一カ月以上がたった。よかった、見つかった。これでようやく遭難者もご家族の元に帰れる。

民間の山岳遭難捜索の仕事をやらないかと声をかけられ、捜索に関わったことがある。遭難事故は山に登っている以上、いつ誰の身に降りかかるかわからない。私自身も西表島で遭難騒ぎを起こしたことがあり、これまでたくさんの人にお世話になりながら山に関わってきた。山と山に関わる人たちに感謝している。もし自分にできることがあるならば力になりたい。

遭難者が行方不明になったのは、秋も終わりの頃だった。沢登りの単独行で、それまでにもたくさんの沢に単独で入っていたそうだ。なぜ一人で、しかも登山道ではなく沢登りに、と人は言うかもしれない。

山に登りたいとか、絵を描きたいとか、旅に出たいとか、人にはそれぞれ何かをしたい気持ちにとらわれるときがあると思う。それをしなくても生きてはいられるのに、せずにはいられない何か。この感情は、より本能に近い部分での生きる衝動の表れだと思う。自発的に生きようとする、もがきのようなものだ。

私自身、それらの衝動を否定せずに生きてきたところがある。だからなんとなく遭難者の気持ちも想像できる。一人で登らなくてはいけなかった沢、厳しい自然と一人で向き合う時間。必要だったのだろう。ただ、事故だけは悲劇だ。

残っていたテントと数枚の山行計画書から、捜索隊は広範囲にわたって、沢筋という沢筋、尾根という尾根、斜面をしらみつぶしに探した。私が捜索に入った頃には季節は冬に変わり、滝もところどころ凍っていて、水をかぶった岩も滑って歩きづらかった。登山道ではない沢や尾根は急斜面も多く、崩れやすくて危険だ。

遭難したとき、人がいったいどのような行動を取るのか。その人の山の経験や性格によっても変わってくるだろう。パニックを起こしていれば想定外の行動を取るかもしれない。だがもし自分が同じ状況に置かれたとしたら、どのような行動を取るか。落ち葉に埋もれてはいないか。滑落して木に引っかかってはいないか。様々な想定をしながら丹念に探し続けた。

山岳遭難における行方不明とは、死亡ではなく失踪にあたる。失踪には戦争や船舶の沈没、震災などに遭遇した際の「危難失踪」と、それ以外の「普通失踪」とに分けられる。山の中で単に行方がわからない場合は普通失踪にあたり、失踪届を提出後、七年間が経過しないと死亡の認定が下りない。

つまり行方不明の遭難者は、七年間は生きている人間として社会的に取り扱われることになる。このことにより、遭難者の生命保険、住宅ローンの団体信用生命保険、遺族年金が支払われないだけでなく、各種

ローンの返済、社会保険の支払いが続くことになる。

さらに山岳保険に加入していない場合、悲嘆にくれた家族には高額な遭難捜索費用も追い討ちをかける。消防や警察などの公的捜索のうちは発生しない捜索費用だが、万が一見つからずに捜索が打ち切られた場合、あきらめるか、もしくは民間捜索に切り替えることになる。

民間の捜索費用は、一人あたりの日当が二、三万。民間ヘリを飛ばせば一時間あたり約五十万円。そのほかに捜索隊の交通費、食費、宿泊費などの実費がかかってくる。隊員数と日数が増えれば費用はかさんでいく一方だ。

情報の入手しやすくなった近年は、山に行くことが多い人のほとんどは山岳保険に入っていると思われる。めったに山に行かない人でも、山岳保険は一日単位で入れるものもあるので、行くときには保険をかけるといい。危なくないと思う低山にも、実はたくさんの危険が潜んでいる。

そして捜索の際に重要な手掛かりになるのが、登山届だ。登山計画書を作成し、家族や登山口に設置してある登山ポスト、県によっては電子申請、または郵送で地元の管轄警察署へ送る。山小屋で受け付けているところもある。とにかく誰かに、何かの形で、どこに行くのかを知らせることが重要だ。

登山届も、最近ではネット上の「コンパス」という電子申請システムを利用する人が増えてきた。この「コンパス」で登山届を作成することによって、家族や友人などの下山連絡先にも登山届が共有され、遭難の際には警察や自治体が必要な登山届を閲覧し、救助活動の際に迅速な対応をすることができる。

ザックに「ココヘリ」の発信機を付けている人もポツポツと見かけるようになった。「ココヘリ」とは、捜索の際に位置を特定するための発信機を登録するサービスだ。貸し出される二十グラムの発信機からの電波は、最長十六キロメートルの距離で受信をすることができ、ヘリコプターからの捜索にも威力を発揮する。

発信機のバッテリーは約三カ月持つので、時間がたっても電波を拾うことができる。発信機はＩＤ登録されていて、間違えて他人の発信機の電波を追いかけることもない。最近では全国の警察や救助隊が受信機を持つようになってきている。

山の中で一人、命を落とすのは本当につらいことだ。だが、たとえ亡くなったとしても、家族は帰りを待ち続けている。今の技術を持ってすれば、たとえ行方不明になったとしても、登山者の準備次第でかなりの確率で見つけてもらえるだろう。

山で遭難して命を落としても、必ず家に帰る。登山者の心構えになればいいと思う。

銃口とシカの目

ドンッ。銃声とともに四、五頭いたシカの群れが跳ね飛んだ。当たったか？　私は銃を抱えて山の緩やかな斜面を小走りに駆けた。シカたちが草を食《は》んでいた場所には、スコープで狙いを定めた大きな牡鹿がドッタリと倒れていた。銃弾が首の真ん中に当たって動けないようだが、まだ生きている。私は怖くなって思わず立ちすくんだ。

早く殺さなくちゃ。私はザックから狩猟用の大型ナイフを取り出し、シカの心臓あたりに当てた。ごめんね、ごめんね。言いながら深く突き刺した。シカは苦しげに声を上げた。ああ、どうしよう。届いていないのかな。私はシカの胸に刺していたナイフを抜くと、今度は首の頸動脈を断った。血がパタパタと流れた。ごめんね……。

地面に横たわったシカは、私の顔を見上げていた。私はシカの視線から目をそらすことができなかった。シカの目の光は徐々に弱くなり、丸く透き通った茶色い目が、くぐもった青色に変わっていった。目の中に青空か海を見るような不思議な青だった。私はこんなにも美しく大きな生き物の生命を奪ったことも忘れ、ただその青色に見入っていた。

渓流釣りが好きだった私が、冬の禁漁期間に狩猟をと思ったのは、周りに何人か狩猟をやっている仲間がいたということもある。それからジビエ料理にも興味があった。自分で獲った獣を、自分でさばいて食べてみたい。

考えてみれば、生まれてこのかた毎日のように肉を食べているというのに、はたしてウシでもブタでもニワトリでも、まあニワトリをさばける人は多いかもしれないが、自分でさばいて食べたことのある人っていったいどれくらいいるのだろう。この年になっても魚しかさばけない、獣をさばくことができないというのもおかしな話だ。

銃を使った猟をするためには、銃免許と狩猟免許の二つが必要になる。どちらも勉強さえすれば試験は通るが、銃の所持許可に関しては身辺調査などのハードルがある。銃ロッカーや銃弾ロッカーの設置、記録簿の記帳や銃検査など、銃のきっちりとしたとした管理も必要だ。

猟を始めた私は、集団でやる猟よりも少人数の猟を好んだ。集団でやる猟は、獣を追う人間、待って撃つ人間、と役割分担をすることになる。犬を使うことも多い。私はそれよりも、山の中を歩いて獣の痕跡を探したり、季節や時間帯によってどんな行動をしているのかを考えるこ

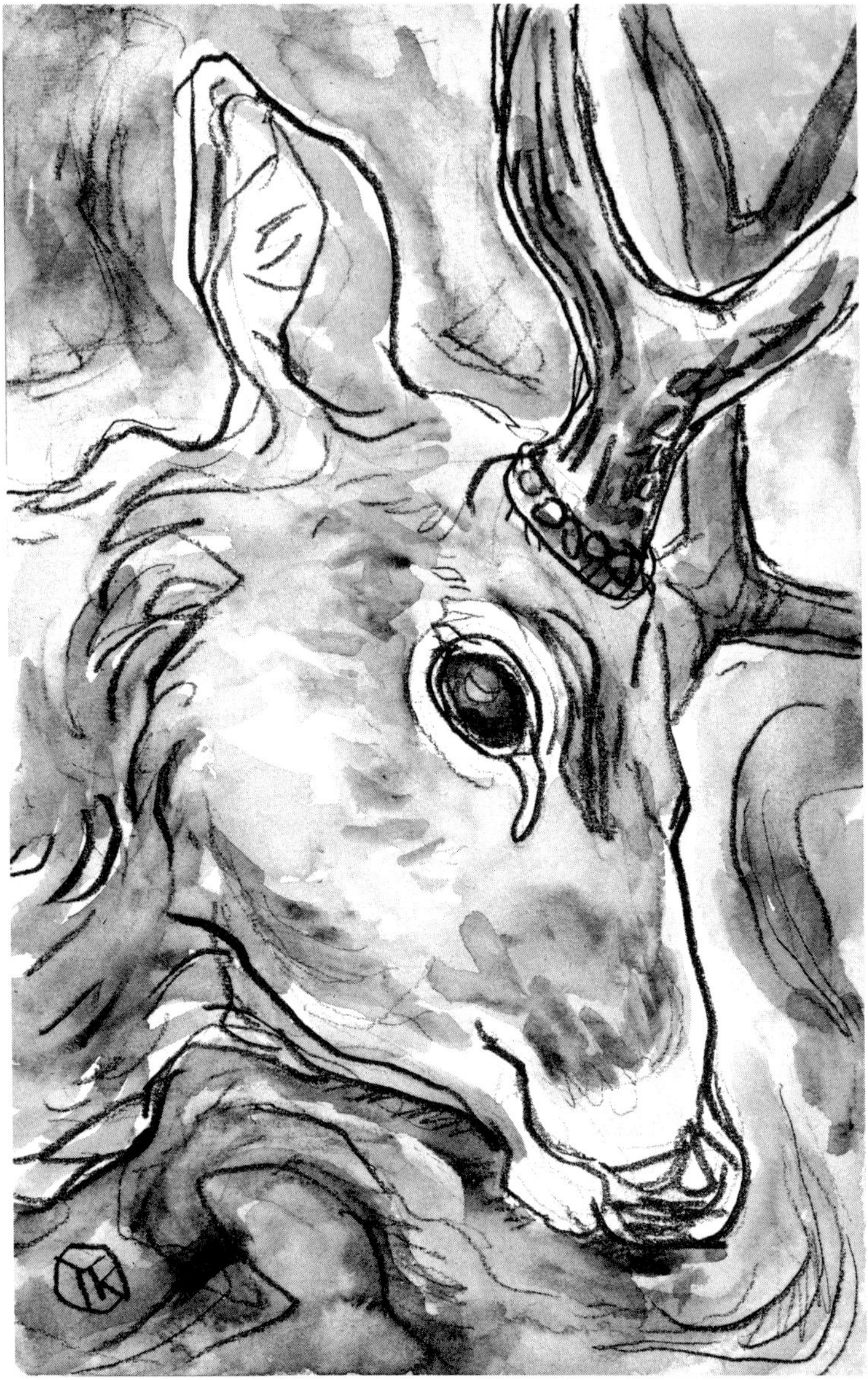

とのほうが楽しかった。

実際に銃を持って山を歩き始めると、尾根と谷で眺めていた地図に面が加わった。高さのない山でも山の面は広い。こんなに広い面の中で、警戒心の強い野生動物にうまい具合に遭遇できるものだろうか。

獣のなかでも私はシカを追っていた。仲間と何度も同じ山域に通ううちに、シカの通り道が見えてきた。こちらから追えばあの道を通ってどこの斜面に逃げる、などと予測が立てられるようになった。しかし相手は生き物。いつでもこちらの思い通りに動いてくれるわけではない。

そっちに三匹走っていった！とトランシーバーからの声に態勢を整えても、シカはあさってのほうに逃げてしまったり、今日はもうあきらめて帰ろうとペラペラ話しながら歩いていると、ふいに目の前に飛び出してきたりする。彼らは人間よりよっぽど五感も六感も鋭い。こちらが獲るぞと緊張していると出てこないし、油断しているとヒョイと姿を現す。

なのでやはり獲れたときには自分の力ではなく、山の神からの頂き物だと思う。獲れないときでも山の神の計らいに思える。命は命によって生かされていることを心底感じる。生きるということは罪深いことだ。肉でも魚でも野菜でも果物でも穀物でも、命を頂くことによって私はこの命をつないでいる。

同じ山域を毎年歩くことによって、今まで気づかなかったことも見えてくる。それは自然環境の変化だ。昨年まであった日当たりのいい雑木林の斜面が伐採され、広大な面積にわたってソーラーパネルが設置されていたことがある。

他人の土地で他人が何をしようが持ち主の勝手ではあるが、自然環境に負担をかけないエネルギーを生産するためのソーラーパネルが、自然環境を破壊することによって設置されているのを見て、心が苦しくなった。事情は置いておくにしても、なんて醜い景観だろう。人間の考える正しさってなんだろう。

さて、話を始めに戻そう。実は私はシカのあの悲しく透き通る青い目を見てからというもの、もう撃たなくてもいいやと心のどこかで思うようになってしまった。その後も何度かシカに銃口を向け発砲はしたが、間違いなく当たるだろうという距離においても弾はそれていった。残念と思う気持ちと安堵の気持ちがない交ぜになっていることに、自分では気づかないふりをしていた。だがどうやら私は猟に向いていない。

当たろうが当たるまいが、生命を奪う行為に変わりはなく、その重さを充実感として楽しむには理由付けと精神力が必要だ。感情を主体に生きている私にとって、自分自身を納得させる言葉を見つけることは難しかった。私はとうとう銃を返納することに決めた。

クジラ跳ねる海

山の上からクジラを眺めたことがあるだろうか。どこまでも深い紺碧の海からクジラが跳ね飛び、半身をひるがえしながら白い泡を立てて海面に倒れ込む。一呼吸おいて、ドドーン。クジラから放たれた大砲の音が山の上まで届く。ドーン、ドドーン。おや、何頭いるのだろう。

島に近い浅場の湾に親子のクジラが入ってきた。ピッタリと寄り添ってどこまでも一緒だ。海面近くに上がると、プシューッと大きく潮を吹き上げて息をたっぷり吸い込み、再び深い海の底へと沈んでいく。ダイナミックで優しい海の詩。

東京から南に約千キロメートル、私は小笠原諸島の父島と母島に滞在していた。一月から二月にかけたこの季節、島周辺の海域にはザトウクジラが子育てのために集まり、飛んだり跳ねたりしながら楽しげに泳ぐ姿を、ここかしこで眺めることができる。

前年の秋に山小屋から下りた私は、富山県で環境省主催の近自然工法による登山道整備の講習を受けていた。講師は合同会社北海道山岳整備の岡崎哲三さん。北海道の大雪山《だいせつ》を中心に、北アルプスや小笠原諸島など、各地の登山道整備や整備技術の指導をされている。

近自然工法とは、単純に人間が歩きやすい登山道を整備するだけではなく、自然界の構造を取り入れることによって、生態系の復元を目的とした施工の方法だ。生態系が復元すれば土壌は安定し、結果的に施工物も長持ちするようになる。

自然界の構造とは、例えば水に流された木が自然に引っかかって止まるような形で木を組んだり、石を配置したりすることにより、その後に流出した土が堆積して、侵食することなく自然な形で道となるような構造だ。参考となる事例は自然のなかに無数に転がっている。自然を観察し、構造を見いだす目を養うことが大切だ。

岡崎さんの登山道哲学は面白かった。後日、再びお話をさせていただく機会を得た際に、毎年整備に訪れているという小笠原諸島への同行をお願いした。岡崎さんは快く引き受けてくださり、様々な手配をしてくれた。島へはフェリーで丸一日の航海だった。

登山道整備の朝、作業の準備をして村役場の前に集まり、自己紹介をした。面白かったのは作業員の顔ぶれだ。村役場の人、地元のガイド、東京都自然保護指導員（都レンジャー）、岡崎さん含む合同会社、そしてイラストレーターの私。

近自然工法とは

「自然に近づける」「自然に近い方法を使う」こと
まずは
自然観察から
どうしてこうなって
しまったのか
こうなったら
いいのにな
完成形は
こんな感じで
施工材料は
この辺りだと
石と木と土が
使えるかな
こうしたら復元の
きっかけになるかな

北アルプスでの登山道整備は、業者が入って行うか、もしくは山小屋の従業員が作業をする。小笠原諸島のように行政、地元住民、企業が一体になって登山道整備をするというのは、全国においても非常に珍しい例だ。

それぞれ違う立場の人間が同じ作業をすることによって、情報だけでは足りない、体感としての状況の共有ができる。問題提起や解決方法、今後の方針など、同じ目線で話ができるというのは素晴らしい。地元住民が関わることによって、地域の登山道、自然環境に対する地元の意識も高まる。

世界遺産にも登録されている小笠原諸島の森には、固有種も多い。既存の自然をできる限り壊さないよう、登山道整備でも気を使うところだ。もともとある自然に近い形で、将来的に生態系が復元するビジョンを持って作業に取り組む。近自然工法の考え方が生かされている。

北アルプスとは自然環境が違うので、以前に講習を受けたときとは施工方法も違ってくるが、基本的な力学は同じだ。力をどう受けるか。止めるか。岡崎さんが施工の説明をし、皆でどうしてそのような作業をするのかを考え理解する。その場限りの作業にならないのがいい。

力を合わせて重たい石を転がし、伐採した外来種の木を運ぶ。心地よい汗を流し、崩れて歩きにくくなった登山道が整備されていく様子を眺めながら思う。

近自然工法は、自然をよく観察し、自然の理にかなった施工を試行錯誤する。人間のことを考えるだけではなく、周囲の自然と調和する崩れにくい道。郷土愛を育み次の世代へと受け継がれる道。近自然工法の根本的な思想は、登山道整備だけにとどまらず、山との関わり合い方や、私たちが生きるうえにおいても、大切なことを示唆しているように思う。

ドドーン。あ、また跳ねた。クジラもまた海の道を通って毎年小笠原諸島の海にやってくるのだろうか。山にも海にも空にもきっと数え切れないくらい道がある。私たちは道をつなぎ続ける。道、生き物が行き交う道。未来の誰かへと生命をつなぐための道。

おわりに

蝸牛に聞いてみたいことがある。もしもし、あなたはどこに向かっているの？　蝸牛を眺めていると、なんだか成り行き任せに生きているように見える。雌雄同体なのも、のんびり成り行き任せで出会いが少ないからだって。本当かな？

私は蝸牛に肩入れしているから、傍目よりも蝸牛は懸命に生きているように感じられる。踏んづけられたら粉々になってしまう脆弱な殻ひとつ背負って、世界ってどうやってできているのだろう?なんて、好奇心いっぱいに冒険の日々を過ごしているにちがいない。

どこに向かって歩いているのか。私自身振り返ってみると、実に蝸牛並みのマイペースさで今日までできてしまった。よくまあ無事にここまでたどり着いたものだ。どれだけたくさんの人に助けられてきたことか。ずいぶんと人には迷惑をかけたし、心配もかけた。思うようにいかないことも多かったし、つらいこともあった。

それでも私は絵を描いたり、山に登ったり、旅をしたりしながら、数々のきらめきに出会うことができた。自然の美しさのきらめき、人の優しさのきらめき、知識に触れることのきらめき、新しいものを生み出すときのきらめき。そのたびに世界は輝きを増した。

ときにきらめきの美しさは、残酷さの裏返しでもあった。悲しみを癒やすために世界はこんなにも美しいのかとも思えた。山は私がどんな気持ちのときにでも、変わらず優しく、厳しく迎えてくれた。世界の美しさを教えてくれた。

山に出会えてよかった。私は山が好きだ。人が好きだ。この残酷にも美しい世界のなかで、生きていることが好きだ。私は世界のきらめきを描きたいと思う。気づけば私は知らず知らずのうちに、自ら描きたいもののなかを懸命に歩いてきたのだ。

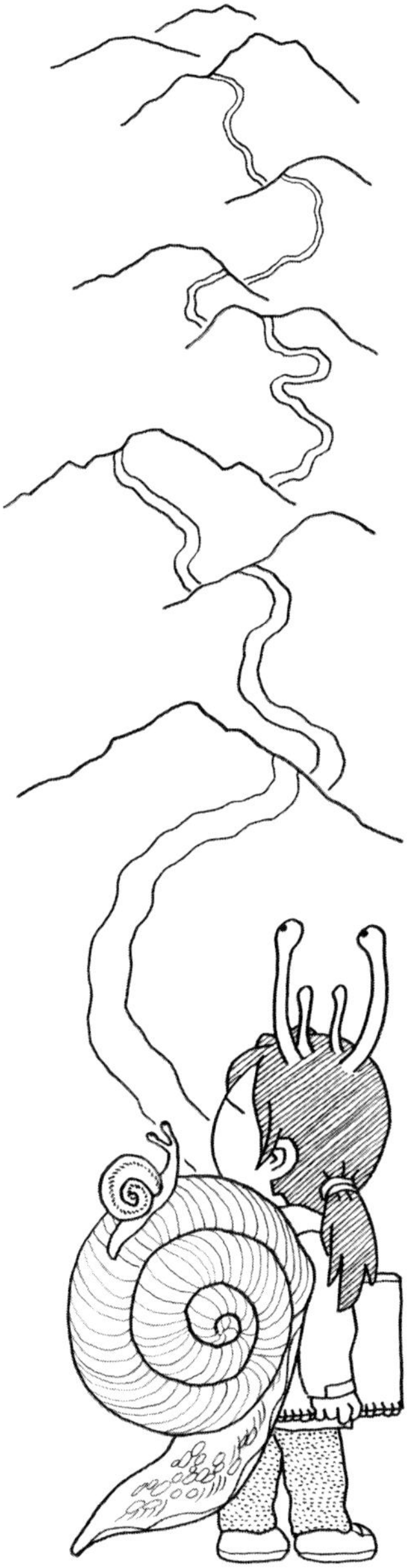

参考文献

下野敏見 編（一九七七）『日本の民話　屋久島篇』未来社

一般社会法人　大雪山・山守隊（二〇二一）『近自然工法で登山道を直す』小冊子

みなかみ町の自然と暮らし　第3章　地形・地質

https://www.town.minakami.gunma.jp/minakamibr/nature/pdf/nature03.pdf

画＝やまとけいこ

ブックデザイン＝松澤政昭

校正＝五十嵐柳子

編集＝稲葉　豊（山と溪谷社）

著者紹介プロフィール

やまと けいこ（大和景子）

山と旅のイラストレーター。1974年、愛知県大府市生まれ。武蔵野美術大学造形学部油絵学科卒業。高校生のときにはじめて北アルプスに登り、山に魅了される。大学時代はワンダーフォーゲル部に所属し、日本の山々を縦走する。同時に渓流釣りにもはまり、沢歩きを始める。卒業後は「鈴蘭山の会」に所属し、沢登りと山スキーを中心とした山行へ。イラストレーターと美術造形の仕事をしながら、29歳から富山の山小屋アルバイトを始める。この頃からアフリカや南米、ネパールなど、絵を描きながら海外一人旅もスタートした。39歳で「東京YCC」に所属し、クライミングを始め、現在に至る。黒部源流の山小屋、薬師沢小屋での暮らしは、トータル14シーズン。2020年、長年通い続けた憧れの富山に移住。剱岳、立山連峰、薬師岳を眺めながら、富山県民として新たな暮らしを始めたところ。イラストレーターとしては、山と溪谷社、Foxfire、PHP研究所、JTBパブリッシング、北日本新聞などで作品を発表。美術造形の仕事としては、国立科学博物館、名古屋市科学館、福井県立恐竜博物館、熊本博物館、東京都水の科学館、東京ディズニーランド、藤子・F・不二雄ミュージアム、ほか多数で制作に携わる。著書に『黒部源流山小屋暮らし』（山と溪谷社）がある。

蝸牛登山画帖 かたつむりとざんがじょう

2021年7月5日　初版第1刷発行

著　者　やまとけいこ
発行人　川崎深雪
発行所　株式会社　山と溪谷社
〒101-0051
東京都千代田区神田神保町1丁目105番地
https://www.yamakei.co.jp/
■乱丁・落丁のお問合せ先
山と溪谷社自動応答サービス TEL.03-6837-5018
受付時間／10:00-12:00、13:00-17:30（土日、祝日を除く）
■内容に関するお問合せ先
山と溪谷社 TEL.03-6744-1900（代表）
■書店・取次様からのお問合せ先
山と溪谷社受注センター
TEL.03-6744-1919
FAX.03-6744-1927
印刷・製本　株式会社光邦

＊定価はカバーに表示してあります
＊落丁・乱丁本は送料小社負担でお取り替えいたします
＊禁無断複写・転載

Printed in Japan ISBN978-4-635-33077-0